APFNet

亚太森林组织发展研究

Research on the Development of Asia-Pacific Network for Sustainable Forest Management and Rehabilitation

赵树丛 主编

U0833435

中国林业出版社
China Forestry Publishing House

图书在版编目(CIP)数据

亚太森林组织发展研究 / 赵树丛主编. -- 北京 :中国林业出版社,
2018.3
ISBN 978-7-5038-9464-0

Ⅰ. ①亚… Ⅱ. ①赵… Ⅲ. ①森林资源管理－组织机构－研究－
亚太地区 Ⅳ. ①F330.62

中国版本图书馆CIP数据核字(2018)第044549号

《亚太森林组织发展研究》

Research on the Development of Asia-Pacific Network for Sustainable Forest Management and Rehabilitation

中国林业出版社·生态保护出版中心
责任编辑 刘家玲

出版发行 中国林业出版社
(100009 北京西城区德内大街刘海胡同 7 号)
网　　址 www.lycb.forestry.gov.cn
电　　话 (010) 83143519
印　　刷 固安县京平诚乾印刷有限公司
版　　次 2018 年 3 月第 1 版
印　　次 2018 年 3 月第 1 次
开　　本 787mm×1092mm　1/16
印　　张 9
印　　数 1～3000 册
字　　数 200 千字
定　　价 68.00 元

《亚太森林组织发展研究》

Research on the Development of Asia-Pacific Network for Sustainable Forest Management and Rehabilitation

编委会

主　编　赵树丛

副主编　曲桂林　鲁　德

编　委　庄作峰　肖　军　沈立新　翟洪波

序

森林是人类的摇篮，人们对森林的关心贯穿于人类发展的全过程。亚太地区在全球有特别重要的位置，据亚太经合组织（APEC）统计，APEC 成员经济体人口总量占全球人口的 39%，经济和贸易总量占全球的 57% 和 49%，森林面积占全球的 53%。在亚太地区经济快速发展过程中，森林的保护、恢复和可持续管理越来越受到各方关切。

2007 年，在 APEC 第 15 次领导人非正式会议上，中国、美国和澳大利亚的领导人，提议建立一个面向亚太地区的区域组织和对话机制，推进亚太地区的森林恢复与可持续管理，受到了 APEC 成员的广泛欢迎和支持，亚太森林组织应运而生。

亚太森林组织秉承了 APEC 的宗旨和精神，把对话和合作作为实现目标的主要路径和方法。这十年都在主力推进 APEC“悉尼林业目标”的实现。

亚太森林组织把自己的愿景与区域关注的重点聚焦。始终关注亚太地区森林的恢复和可持续管理，把保护森林和提高森林质量，开拓森林的多功能作用作为我们的首要议事日程。

亚太森林组织始终以促进区域林业合作，推动区域森林恢复为出发点，关注保护发展森林生态，惠及各方民生福祉，激发森林社区居民的积极性和创造性。

亚太森林组织充分意识到人才发展的重要性，从政府管理层项目官员到社区务林工作者，以及林业教育体系的联盟对话，都是我们培养人才的着力点。

亚太森林组织今年十周年了。许多关注亚太地区森林保护与恢复发展的朋友，都关心亚太森林组织做了什么？正在做什么？还要做什么？为此，我们编写了《亚太森林组织发展研究》一书。

我们把这本书书名定为《亚太森林组织发展研究》，其实，我们是把十年来亚太森林组织发展的历程和未来愿景奉献给大家，让关心亚太森林组织成长发展的朋友，来共同研究亚太森林组织的发展壮大和如何更好的发挥作用。

在这里，我特别感谢中国、美国、澳大利亚的领导人，他们富有远见的动议，是亚太森林组织的生命之源；特别感谢中国政府对亚太森林组织的慷慨支持，他们对亚太森林组织北京总部和秘书处运行的资金捐助使亚太森林组织活水永注；感谢亚太森林组织成员的支持和积极参与，还要特别感谢亚太森林组织历届董事会、理事会成员和秘书处工作人员以及服务亚太森林组织的专家、学者，他们的不懈努力和追求是亚太森林组织前进的强大动力。

中国有句古谚“十年树木，百年树人”。十年，对一个林业组织来讲是一个关键点，这将成为我们这个组织百年目标的新起点。我衷心期望亚太地区森林枝繁叶茂，生机勃勃，亚太森林组织发展壮大，充满活力！

亚太森林组织董事会主席 [signature]

2018 年 2 月于北京

目 录

序

缩略词

第一章　亚太森林组织概述 …… 1

第一节　亚太森林组织简介 …… 1
第二节　亚太森林组织成立背景 …… 2

第二章　亚太森林组织发展历程 …… 11

第一节　亚太森林组织成立 …… 11
第二节　初期发展阶段 …… 11
第三节　成熟国际组织阶段 …… 15
第四节　亚太森林组织与APEC的关系 …… 20

第三章　亚太森林组织活动 …… 25

第一节　开展高层对话　推动林业政策协同 …… 25
第二节　实施示范项目　推广最佳林业实践 …… 37
第三节　开展人员培训　提升林业管理水平 …… 64
第四节　搭建机制平台　强化领域交流合作 …… 71
第五节　建立伙伴关系　合力推动林业发展 …… 80

第六节　加强信息交流　共享区域成功经验 …… 82

第四章　中国政府对亚太森林组织发展的贡献 …… 85

第五章　亚太地区主要涉林国际组织业务重点分析 …… 88

第六章　亚太地区林业发展需求分析 …… 102

第一节　亚太地区当前林业形势 …… 102
第二节　亚太地区林业发展的主要问题和未来需求 …… 109

第七章　亚太森林组织未来发展战略 …… 120

参考文献 …… 123

附　录

附录1　亚太森林组织董事会成员 …… 125
附录2　亚太森林组织理事会成员 …… 126
附录3　亚太森林组织成员 …… 128
附录4　亚太森林组织发展大事记 …… 129

后记

缩略词

ADB	亚洲开发银行
AFN	亚洲森林网络
AFoCO	亚洲林业合作组织
APAFRI	亚太地区林业研究机构协会
APEC	亚太经合组织
APFNet	亚太森林恢复与可持续管理组织
ASEAN	东南亚国家联盟
ASEM	亚欧会议
CI	保护国际
CIFOR	国际林业研究中心
EFI	欧洲森林研究所
EU	欧盟
FAO	联合国粮农组织
FAO-RAP	联合国粮农组织亚太区域办公室
FECOFUN	尼泊尔社区林业用户联合会
FLEGT	森林执法、治理与贸易
FRA	森林资源评估
FSC	森林管理委员会
FUG	森林利用小组
GDP	国民生产总值

GEF	全球环境基金
GIS	地理信息系统
GMS	大湄公河次区域经济合作机制
GPS	全球定位系统
ICIMOD	国际山地综合开发中心
ICRAF	国际农用林业中心
INBAR	国际竹藤组织
IPCC	政府间气候变化专门委员会
ITTO	国际热带木材组织
IUCN	世界自然保护联盟
IUFRO	国际林业研究组织联盟
JFM	森林联合管理
NGO	非政府组织
PES	生态服务补偿
UP	菲律宾大学
RECOFTC	亚太地区社区林业培训中心
REDD	减少毁林和森林退化排放
REDD+	减少毁林与森林退化减排，以及通过森林保护和可持续管理增加森林碳汇
SAARC-FC	南亚区域合作联盟林业中心
SFM	森林可持续管理
SPC	太平洋共同体秘书处
TNC	大自然保护协会
UBC	加拿大不列颠英属哥伦比亚大学
UNDP	联合国开发计划署
UNEP	联合国环境署
UNFF	联合国森林论坛
WB	世界银行
WI	湿地国际
WWF	世界自然基金会

第一章 亚太森林组织概述

第一节 亚太森林组织简介

亚太森林恢复与可持续管理组织（Asia-Pacific Network for Sustainable Forest Management and Rehabilitation，中文简称“亚太森林组织”，英文简称APFNet）是致力于加强区域合作，通过能力建设、信息共享、政策对话和示范项目等手段，促进亚太地区森林恢复，提高森林可持续管理水平的区域性国际组织。2008年9月启动，秘书处设在中国北京。

愿景 协助促进亚太区域森林面积增加，倡导多功能林业，提高森林生态系统质量，应对和减缓气候变化，满足区域内不断变化的社会、经济和环境需求。

宗旨 促进亚太区域的森林恢复，提高森林可持续管理水平。

目标 为实现“2020年之前达到APEC区域内各种类型森林面积增长2000万公顷”的宏伟目标做出贡献；通过促进区域内退化林的恢复和皆伐迹地的植树造林，以协助改善森林生态系统的质量和生产力，增加森林碳储存；通过加强森林可持续经营，以减少毁林、森林退化及相关的碳排放；协助提高区域内森林的社会经济效益，加强生物多样性保护。

亚太森林组织面向APEC经济体和亚太区域非APEC经济体及相关方开放。截至2017年，亚太森林组织已发展成员31个，其中，经济体成员26个，国际组织成员5个。

亚太森林组织徽标由17对绿叶、世界地图，以及亚太森林组织英文名

图 1-1　亚太森林组织徽标

图 1-2　亚太森林组织旗帜

称缩写构成（图 1-1）。徽标含义是亚太森林组织携手各方一起（17）促进亚太地区森林恢复与可持续管理，共同构建绿色地球家园。亚太森林组织旗帜参照国际组织通用做法，在白色旗面中间缀以徽标，简洁醒目（图 1-2）。

第二节　亚太森林组织成立背景

森林是自然资源、生态景观、生物多样性的集大成者，拥有大自然中最美的色调，是美丽世界的核心元素。森林作为陆地生态系统的主体，覆盖近 30% 的陆地面积和拥有地球上 60% 以上的生物量，是人类生存与发展的原材料库和能源库，持续不断地为人类提供食物、医药以及其他工农业生产的原材料和生物质能源。联合国粮农组织（FAO）和国际林业研究组织联盟（IUFRO）等机构的报告指出，全球超过 10 亿人的食物、能源供应和收入来自于森林（FAO, 2014a；IUFRO, 2015）。

人口的不断增长和经济社会的迅猛发展对森林资源和森林生态系统服务的需求不断高涨。推进森林资源恢复与可持续管理，增加森林总量、提高森林质量、增强生态功能，已成为林业可持续发展的战略任务和人类社会可持续发展的重要组成部分。推动林业健康发展，已成为打造低碳经济、循环经济、改善生态环境的重要途径，有助于促进经济结构调整和壮大绿色产业、提升人民福祉、实现生态文明、构建地球绿色家园。

一、全球气候变化引发对森林作用的再认识

全球范围内正在发生以变暖为主要特征的气候变化，不仅严重影响着经济社会的可持续发展，而且直接威胁着人类的生存，已成为全球共同面临的重大危机和严峻挑战。2007年政府间气候变化专门委员会（IPCC）发布的第四次评估报告指出：未来100年，全球气候还将持续变暖，将对自然生态系统和人类生存产生巨大影响。导致全球气候变暖的因素可分为自然和人为两大类，但主要是工业革命以来，人类大量使用化石能源、毁林开荒等，过量排放二氧化碳等温室气体，造成大气中温室气体浓度不断增加、温室效应不断加剧。如若不改变目前发展模式，未来全球温室气体排放仍会持续增加，导致进一步变暖。预计到21世纪末，全球平均地表温度可能会升高1.1~6.4℃，将对自然和人类产生难以估量的不利影响（IPCC, 2007）。

气候变化关乎每个经济体、每个行业、每个公民。应对气候变化涉及人类社会生产、生活方式和生存、发展空间的变化，既是生态问题，也是社会和经济问题。应对气候变化的途径主要是减缓和适应。减缓是指通过减少排放和增加碳汇，降低大气中温室气体浓度，从而降低气候变化速度和频率；适应就是采取一系列措施，趋利避害，减少气候变化的不利影响。林业在这两方面均大有作为。IPCC第四次评估报告专门论述了林业减缓气候变化的重要作用，并指出：林业具有多种效

森林的增汇减排功能

- 吸收功能。研究表明：林木通过光合作用，每生长1立方米，森林平均约吸收1.83吨二氧化碳，放出1.62吨氧气。
- 存储功能。森林以其巨大的生物量储存了大量的碳。森林被公认为最有效的生物固碳方式和陆地生态系统中最大的碳库，单位面积储碳量是农田的2.5倍。
- 替代功能。木材部分替代能源密集型材料，不但可增加碳储存，还可减少因使用化石能源生产原材料所产生的碳排放。专家研究指出，用1立方米木材替代等量的水泥、砖材料，约可减排0.8吨二氧化碳。同时，增加林业生物质能源替代化石能源的比例，可为减缓气候变化做出积极贡献。
- 适应功能。森林适应气候变化能力的增强，又会提高森林减缓气候变化的能力。

益，兼具减缓和适应气候变化的双重功能，是未来30~50年增加碳汇、减少排放、降低成本、经济可行的重要措施。

FAO报告（FAO, 2014）指出，森林资源的资本化是实现绿色未来的关键。近年来，不断推动绿色国民生产总值（GDP）和生态系统服务价值核算体系的构建和完善，将有助于充分认识森林资源的价值和林业地位。随着国际社会对气候变化的广泛关注，各国对森林碳汇日益重视，使森林的碳汇价值通过市场或非市场手段变现成为可能，森林经营者的经济收益和资金渠道进一步扩大，进而激发他们更好地保护和发展森林资源。随着森林碳汇功能的日益重要，林业应对气候变化与经济体经济发展和能源利用的关系更加紧密，政府必将更加重视林业的地位与作用，进一步加大对林业的资金投入和政策扶持力度。

与此同时，全球气候变化给林业发展带来严峻挑战。气温升高会加大森林火灾、森林病虫害发生频率和强度，增加外来有害生物入侵等风险，导致极端天气增多，水资源时空分布急剧变化，加剧干旱和半干旱区水资源短缺，破坏森林和湿地生态系统平衡，给荒漠生态系统植被保护和恢复带来更大难度。气候变暖还会加快敏感性强的野生动植物灭绝速度，加大生物多样性保护难度。

二、森林成为应对气候变化的重要手段

森林在生长过程中通过光合作用，吸收大气中的二氧化碳，将其固定在森林植物体内和森林土壤中，并在一定时期内稳定或减少大气中温室气体的含量，这就是森林的碳汇功能或者说森林是温室气体的吸收汇。森林被公认为是最有效的生物固碳方式。据IPCC估算，全球陆地生态系统中约储存了2.48万亿吨碳，其中1.15万亿吨碳贮存在森林生态系统中，占总量的46.37%。森林每年吸收的二氧化碳相当于全球每年化石燃料排放二氧化碳总量的1/3，在吸收大气中二氧化碳上发挥着主导作用（IPCC, 2007）。

其次，森林管理方式不可持续，毁林和森林退化以及灾害导致森林遭受破坏，不仅降低森林资源的整体固碳能力，还会导致储存在森林生态系统中的碳重新释放到大气中，成为温室气体的排放源。联合国《2000年全球生态展望》指出，全球森林已从人类文明初期的约76亿公顷减少到38亿公顷，

由此排放的二氧化碳约占同期全球温室气体排放总量的17%左右。国际热带木材组织（ITTO）一项调查估计，在其33个木材生产国9亿公顷的森林中，仅3600万公顷得到可持续管理，仅占这些经济体森林总量的5%（ITTO，2006）。IPCC评估报告认为：全球毁林排放的二氧化碳比全球所有交通部门的排放总量还要多，是居能源、工业之后全球第三大温室气体排放源。研究还显示：从19世纪50年代到20世纪80年代末，全球毁林引起的碳排放，占同期人类活动碳排放的23%~27%（贾治邦，2007）。

森林是陆地上最大的碳储库，在维护全球碳平衡和提升适应气候变化中具有重大作用。据IPPC估算，森林光合和呼吸作用与大气之间的年碳交换量高达陆地生态系统碳总量的90%，其中森林植被每年从大气中吸收1200亿吨，植物呼吸返回大气约600亿吨（IPCC, 2000）。森林能够促进适应气候变化。通过实施林业工程，尤其是防护林工程建设，在加固海岸堤带、防止水土流失、提高土壤肥力、涵养水源、防风固沙、固碳释氧、调节气候等方面，可提高海岸带、沙化地区和农业等对气候变化的适应能力。森林在维护区域性气候、保护区域生态环境和维系地球生命系统的平衡等方面也具有不可替代的作

历届气候谈判大会林业成果

- 1997年，《京都议定书》对发达经济体缔约方提出了量化减排措施，其中一条重要措施就是“造林、再造林、森林可持续管理”。
- 2007年，将发展中经济体减少毁林和增加森林碳汇纳入《巴厘行动计划》。
- 2009年，《哥本哈根协议》要求必须通过建立包括减少发展中经济体毁林、森林退化排放，以及通过森林保护、森林可持续管理以及增加碳汇行动在内的激励政策和机制，促使发展中经济体尽快采取行动。
- 2010年，坎昆会议通过两个林业决定。决定明确，要对核算出来的森林管理活动产生的碳汇用于抵消工业、能源排放的总量设定一个上限。
- 2013年，华沙气候大会达成了通过森林保护、森林可持续管理、增加森林面积而增加碳汇的行动（REDD+ 行动），明确为发展中经济体实施减少毁林排放、减少森林退化排放、保护森林碳储量、森林可持续管理、提高森林碳储量等5项具体行动，提供激励机制。
- 2015年，巴黎气候大会达成的《巴黎协定》单设森林相关条款，确定了2020年后全球共同应对气候变化的框架性安排，特别是将从2018年开始，对各国提出的目标进展情况进行预评估。

用。森林还是潜力巨大的能源库，是仅次于煤炭、石油、天然气的第四大能源资源，具有可再生、可降解的特点。在化石能源日益枯竭的严峻背景下，发展林业生物质能源已成为人类能源替代战略和应对气候变化的重要选择。

1992 年联合国制定的《联合国气候变化框架公约》明确提出：应对气候变化的政策行动和活动措施，应当讲求成本效益，创造全球效益，同时兼顾其他环境效果。森林恰恰具有成本较低、可持续、可循环、可再生等特点，能够为经济发展、生态改善和社会进步带来多种效益。通过开展森林经营活动，增加森林碳汇既符合可持续发展和壮大绿色经济的要求，不仅增加就业，而且能增加林区居民经济收入，促进均衡发展；同时还可大大降低减排总成本，减轻工业、能源减排压力，为开发低成本工业减排技术赢得时间。大量研究也表明，相对其他减排行业而言，林业减排的成本和科技含量低、见效快，在未来的应对气候变化措施中，通过林业经营活动实现减排责任的比例将会大幅度提升。

早在《联合国气候变化框架公约》谈判前，各经济体就认识到森林减缓气候变暖的重要作用。此后，在各经济体签署的《联合国气候变化框架公约》及《京都议定书》中，都列入了保护和增加森林碳汇的相关条款。在当前气候谈判中，各经济体一致赞同在减缓气候变暖的过程中进一步发挥森林的重要作用。实际上，发达经济体在履行《京都议定书》的减排承诺中，已经使用相当数量的森林碳汇来抵消其工业和能源排放，为其完成减排任务发挥了重要作用。在当前气候谈判中，发达经济体还想用更多森林碳汇来抵消 2012 年后的工业和能源排放，以进一步减轻减排压力。同时，大多数发展中经济体希望发达经济体提供资金和技术支持，以实施保护和增加森林碳汇方面的行动，为减缓气候变暖做出更大贡献。由此可见，充分发挥林业在应对气候变化中的重要作用，已经成为国际社会的普遍共识与共同行动。

三、亚太森林应对气候变化面临巨大挑战

亚太地区拥有世界上最丰富最独特的森林生态系统，森林面积占全球一半以上。2005 年 FAO 发布的《全球森林资源评估报告》指出：在全球森林资源继续呈减少趋势的情况下，亚太地区的人工林面积自 1990 年以来增加了 4560 万公顷，主要得益于中国大力开展的植树造林活动，在很大程度上抵消

了其他地区的森林减少量，为亚太地区乃至全球社会经济的可持续发展提供了重要的生态保障。与此同时，亚太地区也面临着毁林、森林退化、林区相对贫困和林业投入不足等挑战。

毁林是亚太地区林业面临的主要问题。1990 年以来，亚太地区森林面积减少主要发生在东南亚，已丧失了 3320 万公顷森林面积（占陆地面积的 7%）（图 1-3，图 1-4）。其中，1990-2000 年，年毁林 70 万公顷；2000-2005 年，年毁林达到 230 万公顷；2005-2010 年，年毁林 50 万公顷。随着亚太地区大面积原始林和次生林的消失，生物多样性继续保持着高速下降的趋势。林地

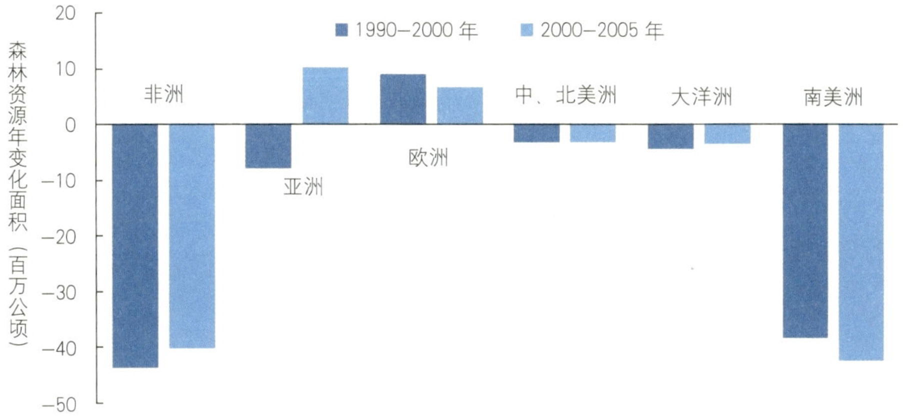

图 1–3　1990–2005 年各大洲森林资源年变化情况

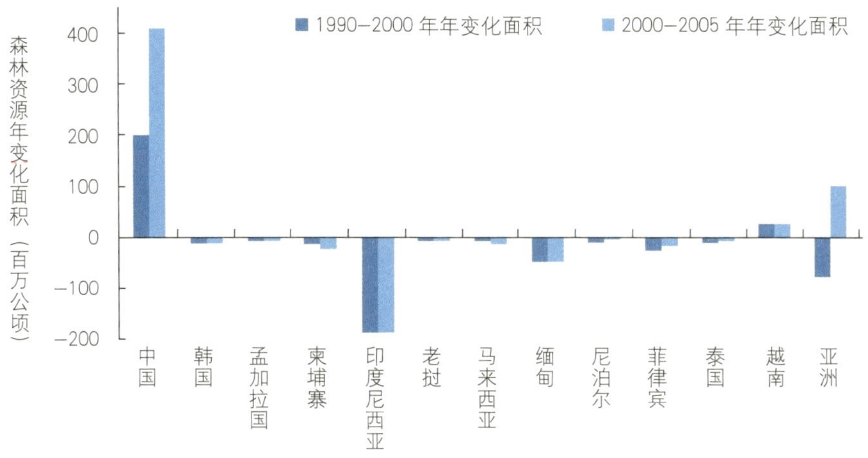

图 1–4　1990–2005 年部分亚洲经济体森林资源变化情况

转变用途是物种消失的主要推动力，而农业扩张则是林地转变的最主要原因。预计到2100年，生物多样性危机将导致13%~42%的物种在东南亚消失，其中，约一半物种将从地球上灭绝。在南亚，生物多样性丧失的主要威胁在南亚是采矿和基础设施建设，在东亚是城市扩张，在太平洋岛国是入侵物种、采矿、伐木、农田扩张（FAO,2014）。

森林退化是该地区面临的另一个主要挑战，主要表现在森林质量下降，单位面积林分蓄积减少，森林郁闭度下降，生物多样性减少。造成森林退化的主要原因是森林火灾和无节制地森林采伐。此外，推动森林可持续管理也面临严峻挑战。森林产权不明确、行政执法滞后、市场木材需求高涨、农业用地扩张、城市建设扩大、工业区和道路的建设，导致了不可持续的森林采伐和林地占用，给森林资源管理带来严峻挑战。区域多数经济体林业政策多变，执行不力。提供森林生态产品和服务成为政策的主要目标，但政策与实践脱节严重。减贫、生物多样性保护、气候变化等森林相关问题，已经打破了传统部门界限。原有的林业机构设置已经被严重肢解，林业机构的传统协调能力受到挑战，林业政策实施受阻。

四、中国在应对全球气候变化方面的承诺和行动

为减缓全球气候变化，中国政府提出建设社会主义生态文明，强调“坚持共同但有区别的责任原则、公平原则、各自能力原则，同国际社会一道积极应对全球气候变化”，并承诺到2020年、2030年中国单位GDP二氧化碳排放比2005年分别减少40%~45%、60%~65%，全国森林覆盖率到2020年、2050年分别达到23%以上和26%以上，全国森林面积到2020年比2005年增加4000万公顷，森林蓄积量比2005年增加13亿立方米。

中国积极推动减排和增汇两种途径应对气候变化。一方面大幅度减少温室气体排放，把碳排放强度作为约束性指标纳入国民经济和社会发展的中长期规划；通过大力发展可再生能源、积极推进核电建设等行动，到2020年，中国非化石能源占一次能源消费的比重达到15%左右。另一方面，通过植树造林和加强森林管理，吸收大量的二氧化碳。据统计，1980-2005年中国通过持续不断地开展造林和森林管理活动，净吸收二氧化碳46.8亿吨，通过控制毁林减少二氧化碳排放达4.3亿吨（中国国家发展改革委，2007）；中国单

位面积森林吸收固定二氧化碳的能力，已由 20 世纪 80 年代初的每公顷吸收固定 136.42 吨二氧化碳增加到 21 世纪初的每公顷 150.47 吨；1981–2000 年，以森林为主体的中国陆地植被碳汇大约抵消了中国同期工业二氧化碳排放量

应对气候变化中国政府承诺

2009 年联合国气候变化峰会

争取到 2020 年单位国内生产总值二氧化碳排放比 2005 年有显著下降，争取到 2020 年非化石能源占一次能源消费比重达到 15%左右；争取到 2020 年森林面积比 2005 年增加 4000 万公顷，森林蓄积量比 2005 年增加 13 亿立方米；大力发展绿色经济，积极发展低碳经济和循环经济，研发和推广气候友好技术。

2009 年丹麦哥本哈根世界气候大会

到 2010 年实现单位国内生产总值能源消耗比 2005 年降低 20% 左右、到 2010 年努力实现森林覆盖率达到 20%、2020 年可再生能源在能源结构中的比例争取达到 16% 等一系列目标。

2010 年墨西哥坎昆世界气候大会

坚持双轨制谈判。一是发达经济体承诺在 2012 年前向发展中经济体提供 300 亿美元的快速启动资金并承诺 1000 亿美元的长期资金；二是技术转让，包括转让技术和促进转让的原则安排。

2011 年南非德班世界气候大会

中国将进一步把应对气候变化纳入经济社会发展规划，并继续采取强有力的措施加强节能、提高能效工作。

2015 法国巴黎世界气候大会

中国提出将于 2030 年左右使二氧化碳排放达到峰值并争取尽早实现，2030 年单位国内生产总值二氧化碳排放比 2005 年下降 60% – 65%，非化石能源占一次能源消费比重达到 20% 左右，森林蓄积量比 2005 年增加 45 亿立方米左右。

2017 年达沃斯世界经济论坛

习近平主席再次强调，《巴黎协定》符合全球发展的大方向，应该共同遵守，中国将继续采取行动，应对气候变化，百分之百承诺自己的义务。

的 14.6%~16.1%（方精云等，2007）；人工造林面积 6900 万公顷，居世界第一（中国国家林业局，2014）。FAO 2010 年发布的《全球森林状况报告》再次肯定了中国森林面积持续增长对整个亚太地区和全球森林资源的贡献。

中国积极应对和减缓全球气候变化，除了承诺通过加大造林力度增加国内森林面积，通过加强森林经营提高森林碳汇，中国政府还不断提议搭建区域平台，积极推动区域对话和政策协同，并在技术和资金上提供力所能及的支持，帮助亚太地区经济体恢复和保护森林资源，提升森林管理水平，共同应对气候变化。

第二章 亚太森林组织发展历程

第一节　亚太森林组织成立

亚太森林组织是由时任中国国家主席胡锦涛先生于 2007 年 9 月在澳大利亚悉尼举行的 APEC 第 15 次领导人非正式会议上倡议建立的，旨在搭建亚太地区各经济体就森林恢复和管理开展经验交流、政策对话、人员培训等活动的平台，共同促进亚太地区森林恢复和增长，增加碳汇，减缓气候变化。该倡议得到美国时任总统乔治·沃克·布什先生和澳大利亚时任总理约翰·霍华德先生的共同响应，受到 APEC 成员的广泛欢迎，与会领导人一致决定“建立亚太森林组织，加强区域林业领域的能力建设和信息共享”，并将此写入了会议通过的《亚太经合组织领导人关于气候变化、能源安全和清洁发展的宣言》(以下简称《悉尼宣言》)及行动计划。在中国、美国、澳大利亚的积极推动下，亚太森林组织于 2008 年 9 月在中国北京启动。中国为亚太森林组织运行提供主要资金支持，并承担秘书处运行工作。

第二节　初期发展阶段

亚太森林组织以“行动优先”为其核心价值之一，坚持边运行、边筹划、边完善，循序渐进，稳步推进，围绕协商机制磋商、运行模式探索和《亚太森林组织运行章程》（以下简称《章程》）的起草展开。

一、亚太森林组织启动

亚太森林组织倡议提出后，中国、美国、澳大利亚三方积极协作，围绕亚太森林组织性质、宗旨、未来重点活动领域、运行机制、资金机制等事宜进行密切磋商。2008年9月，“森林可持续管理研讨会暨亚太森林组织启动会”在北京隆重召开，会议正式对外公布了中、美、澳三方达成的《亚太森林组织框架文件》(简称《框架文件》)，启动了亚太森林组织（图2-1，图2-2）。会议探讨了亚太地区森林管理现状、

图2-1　2008年9月25日　亚太森林组织在北京正式启动

图2-2　2008年9月25日　森林可持续管理研讨会暨亚太森林组织启动会

《亚太森林组织框架文件》要点

目标

促进区域内森林恢复，开展造林和再造林，为实现“2020年之前达到APEC区域内各种类型森林面积增长2000万公顷”的悉尼林业目标做出贡献；加强区域内森林可持续管理，提高森林质量，包括减缓和应对气候变化，增加碳吸收；提高区域内森林生态系统的生产能力和社会经济效益，加强生物多样性保护。

重点活动领域

林业规划和政策制定；森林可持续管理和恢复的经济激励措施，包括建立生态服务市场；加强林业相关机构建设，促进林业制度改革，如明晰林业产权制度；森林资源清查、监测与评估，包括建立“森林可持续经营标准与指标”体系；森林与气候变化，包括森林生态系统对于全球变暖的适应性；森林恢复技术与方法；提高森林质量，促进森林健康，包括森林防火与病虫害防治；加强森林执法与行政管理，包括解决非法采伐与相关贸易问题；基层森林经营管理技能；发展社区林业企业；森林生物多样性保护；提高公众意宣传。

机构运行

秘书处由中方承担，并由中国政府指派一位司局级（或更高级别）的官员主持日常工作。

机遇和挑战、未来发展，特别是林业在经济社会可持续发展、保护生物多样性、减缓气候变化方面的作用，以及亚太森林组织重点领域和工作重点。来自APEC成员与亚太地区非APEC成员的政府官员，区域及国际组织、科研机构、私营部门及社会各界120余名代表参会。

二、运行初期——三方核心磋商决策

亚太森林组织启动后，中国、美国、澳大利亚三方继续就亚太森林组织成员发展、秘书处功能、与APEC关系等机构发展问题和未来2~3年的业务活动规划展开磋商；另一方面积极邀请重要的、有参与意愿的区域经济体和国际组织参与咨询研讨，结合区域需求提出亚太森林组织中长期规划思路，探讨成员发展、秘书处功能等发展重大议题，并在此基础上启动了建立区域联络员机制和成立指导委员会的磋商进程，以确保亚太森林组织发展和业务活动反映区域林业实际，获得区域伙伴支持，增强亚太森林组织的吸引力、生命力和可持续。

三、运行过渡阶段——多方协商机制

经多轮磋商，亚太森林组织联络员机制和指导委员会分别于2010年和2011年成立，共谋亚太森林组织和区域林业发展（图2-3，图2-4）。17个APEC经济体、9个非APEC经济体和5个区域林业国际组织积极响应，通过联络员机制，协助加强区域林业信息共享与交流合作、推进亚太森林组织机构建设和业务活动开展。指导委员会为临时政策咨询机构，成员包括亚太区域8个经济体（中国、美国、澳大利亚、马来西亚、印度尼西亚、泰国、越南和巴布亚新几内亚）和3个国际组织（FAO、TNC和ITTO）。随后，秘书处正式对外运行，首任秘书长曲桂林先生由中方指派，任期3年。项目评审专家组也正式运转，为项目提供技术支持。

亚太森林组织联络员机制和指导委员会议事规则和运行不断完善，形成了对亚太森林组织年度工作计划和报告的审议机制。指导委员会会议通过了亚太森林组织首个五年战略规划（2011-2015），并就《章程》达成一致。

图2-3 2010年6月24日 亚太森林组织联络员机制成立

图 2-4　2011 年 6 月 1 日　亚太森林组织指导委员会成立

《章程》起草磋商工作于 2010 年启动，历时 3 年，经参与方的不懈努力与反复磋商，最终达成一致。《章程》明确了亚太森林组织的背景、权力、宗旨和目标、机构设置和管理模式、资金安排、成员权利和义务及成员发展程序，确定了亚太森林组织的性质、运行机制和管理体制，基本确定了亚太森林组织未来发展方向和管理模式，是亚太森林组织发展进程中重要的阶段性成果。

第三节　成熟国际组织阶段

根据《章程》，亚太森林组织机构发展成熟阶段的运行机构由董事会、理事会、项目评审专家组、秘书处组成。董事会为决策机构，负责亚太森林组织总体监督和重大问题决策；理事会为咨询机构和交流平台；项目评审专家组负责项目技术评审，向秘书长提供项目立项建议；秘书处为亚太森林组织的办事机构，由秘书长在董事会监督下领导秘书处开展工作。

2015 年，董事会和理事会正式成立，标志着亚太森林组织机构建设基本完成（图 2-5）。董事会成员由 14 位区域高级官员、专家与学者组成，以个人身份参与监督决策（附录 1）。时任中国国家林业局局长赵树丛先生当选首任主席，任期三年（图 2-7）。理事会随后在原联络员机制和指导委员会基础上

图 2–5　2015 年 4 月 8 日　亚太森林组织董事会成立并召开首届会议

历届董事会和理事会会议主要成果

首届董事会和理事会会议（2015 年 4 月中国北京和缅甸内罗毕）

– 成立董事会和理事会

– 选举赵树丛先生为董事会主席

– 审议通过董事会和理事会议事规则

– 原则通过《亚太森林组织战略规划框架（2016–2020）》

– 通过成员发展程序，并纳入《亚太森林组织运行章程》

– 审议通过亚太森林组织 2015 年工作计划

第二届董事会和理事会会议（2016 年 5 月柬埔寨暹粒）

– 审议通过《亚太森林组织战略规划框架（2016–2020）》

– 审议通过《亚太森林组织管理指南》、《亚太森林组织会计核算办法（财务政策）》和《亚太森林组织秘书处职员薪酬标准》等文件

– 审议通过亚太森林组织秘书长选聘程序

– 审议通过 2016–2018 年亚太森林组织项目评审专家组组成

– 审议通过亚太森林组织 2016 年工作计划

第三届董事会和理事会会议（2017 年 3 月斯里兰卡科伦坡）

– 探讨如何发挥董事会和理事会的作用，为亚太森林组织规划与活动提出有效指导与咨询

– 审议通过亚太森林组织 2017 年工作计划

– 决定选考下任秘书长

成立，由亚太森林组织成员指派代表组成，泰国和巴布亚新几内亚当选首任理事会主席和副主席成员经济体，任期三年。

首届董事会和理事会会议审议通过了亚太森林组织第二个五年战略规划(2016–2020)，为亚太森林组织运行的业务设定了中期目标；通过了《亚太森林组织管理指南》、《亚太森林组织会计核算办法（财务政策)》和《亚太森林组织秘书处职员薪酬标准》等一系列制度与政策，进一步规范了亚太森林组织的行政、人事与财务运行，为亚太森林组织按照一般性国际组织运行提供了必要保障与管理标准。与此同时，充分借助两个机构成员代表在林业领域的丰富知识与经验及在区域的知名度与影响力，为亚太森林组织业务重点与活动规划提供宝贵的意见和建议，并通过他们加强区域宣传，不断提升亚太森林组织活动的质量与影响力（图 2-6)。

2015 年 第一次董事会会议

2015 年 第一次理事会会议

2016 年 第二次董事会会议

2016 年 第二次理事会会议

2017 年 第三次董事会会议

2017 年 第三次理事会会议

图 2–6　亚太森林组织历届董事会和理事会会议

根据《框架文件》和《章程》，首任秘书长曲桂林先生连任一届后，于2017年9月卸任(图2-8)。第二任秘书长面向亚太森林组织成员经济体招聘，最终中国推荐的候选人鲁德先生经董事会面试认可后任命任职，任期3年(图2-9)。秘书处职能与岗位根据亚太森林组织发展与业务活动不断优化，通过多种渠道推进职员配置国际化；加强培训和人员交流，拓宽视野，积累经验，持续提升秘书处执行能力和服务效率（图2-10)。

根据《章程》规定，亚太森林组织面向APEC经济体和亚太区域非APEC经济体及相关方开放。成员分为五类，即：(1) APEC经济体；(2) 亚太地区非APEC经济体；(3) 在亚太地区运行的政府间国际组织和国际非政府组织；(4) 亚太地区经济体内的林业相关学术机构和民间社团；(5) 亚太地区运行的林业相关领域的企业。

图2–7　亚太森林组织董事会主席赵树丛先生

图2–8　亚太森林组织首任秘书长曲桂林先生

图2–9　亚太森林组织第二任秘书长鲁德先生

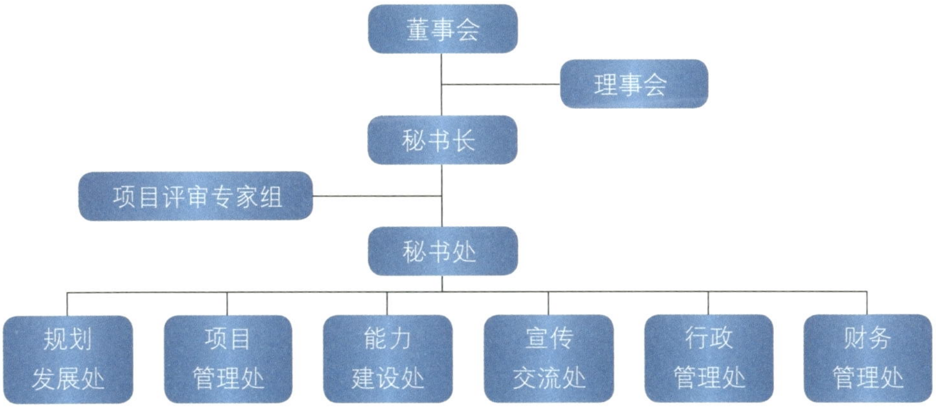

图 2–10　亚太森林组织构架图

截至 2017 年，亚太森林组织已发展了 26 个经济体成员，5 个国际组织成员。2017 年，经理事会同意，乌兹别克斯坦、塔吉克斯坦、土库曼斯坦、吉尔吉斯斯坦和哈萨克斯坦 5 个中亚经济体成为亚太森林组织的观察员（图 2-11）。

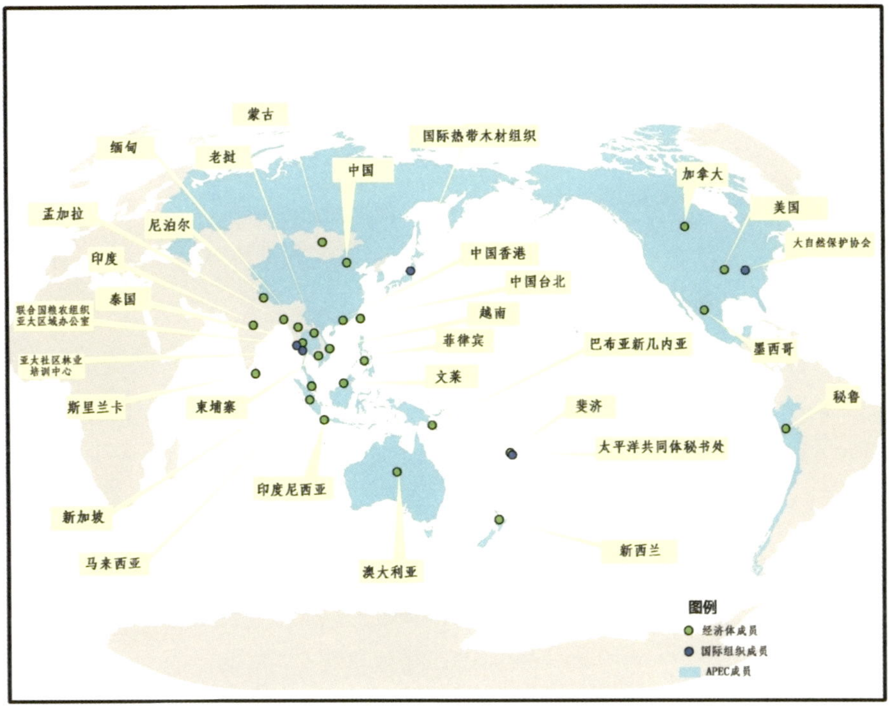

图 2–11　亚太森林组织成员分布示意图

图 2–12　2015 年 4 月 8 日　亚太森林组织专项基金在北京启动，
亚太森林组织董事会主席赵树丛与捐赠企业代表合影

另外，亚太森林组织 2013 年成立专项基金，负责为亚太森林组织发展筹集资金（图 2-12）。

第四节　亚太森林组织与 APEC 的关系

APEC 是 1989 年成立的亚太地区最具影响的经济合作官方论坛，由领导人非正式会议、外交部长和专业部长级会议、高官会等活动构成。APEC 宗旨是：保持经济的增长和发展，促进成员间经济的相互依存，加强开放的多边贸易体制，减少区域贸易和投资壁垒，维护本地区人民的共同利益。APEC 主要讨论与全球及区域经济有关的议题，如促进全球多边贸易体制，实施亚太地区贸易投资自由化和便利化，推动金融稳定和改革，开展经济技术合作和能力建设等。

亚太森林组织诞生于 APEC 平台，发展于 APEC 成员的支持。亚太森林组织是根据 APEC 领导人非正式会议上的倡议而建立的，并多次被写入 APEC 领导人宣言，其“高贵”的出身，为其成长和发展聚集了各方的关注和支持。

亚太森林组织致力于推动 APEC 悉尼林业目标的实现，将第 15 次 APEC 领导人会议达成的《悉尼宣言》确定的“努力实现 2020 年本地区各种森林覆

历次 APEC 领导人非正式会议《宣言》中关于林业相关内容的表述

第 1 次 APEC 领导人非正式会议（1993 年 11 月，美国西雅图）

我们的环境得到改善，因为我们保护空气、水和绿色空间的质量，管理我们的能源和可再生资源，以确保可持续增长，为我们人类提供一个更加安全的未来。

第 2 次 APEC 领导人非正式会议（1994 年 11 月，印度尼西亚茂物）

我们加强发展亚太经济共同体间合作的目的，是使我们能够更加有效地发展亚太区域的人力资源和自然资源，以便实现 APEC 经济体的可持续增长和公平发展，同时减少它们之间的经济差距。

第 5 次 APEC 领导人非正式会议（1997 年 11 月，加拿大温哥华）

我们欢迎在经济和人口迅速增长的压力下，粮食、能源和环境间跨部门关系研讨会的成果，以及我们收到的临时报告。我们期待着在 1998 年提交一份更加详细和注重行动的报告。

第 6 次 APEC 领导人非正式会议（1998 年 11 月，马来西亚吉隆坡）

关于 APEC 共同体经济和人口增长问题，我们授权在粮食、能源和环境领域即将启动的联合行动。

第 14 次 APEC 领导人非正式会议（2006 年 11 月，越南河内）

我们还注意到在开发和分享新技术和适应现有的技术方面的合作的重要性，包括农业在减轻自然灾害造成的损害方面的作用。

第 15 次 APEC 领导人非正式会议（2007 年 9 月，澳大利亚悉尼）

建立亚太森林组织，以加强森林领域能力建设和信息交流。

各成员同意努力实现到 2030 年将亚太地区能源强度在 2005 年的基础上降低至少 25%、到 2020 年亚太地区各种森林面积至少增加 2000 万公顷的两个意向性目标。

第 16 次 APEC 领导人非正式会议（2008 年 11 月，秘鲁利马）

我们重申我们对作为《悉尼宣言》的一部分内容的行动议程的承诺。我们赞赏并鼓励 APEC 各经济体为实现这些目标所作的努力。我们还欢迎建立亚太森林组织，并赞赏中国致力于进一步为这项倡议提供财政支持。我们表示，支持减缓和适应气候变化的合作和能力建设，包括促进清洁技术的发展的能力建设活动。

我们认识到，保护、可持续森林管理和土地利用规划，以及加强森林和农业土壤碳储量的重要性，以应对全球气候变化。

第17次APEC领导人非正式会议（2009年11月，新加坡）

可持续森林管理在减缓全球排放方面发挥着重要作用。我们将加强努力，实现《悉尼宣言》中所期望的目标，即在2020年亚太地区增加至少2000万公顷的各类森林，提高森林覆盖率。我们支持在《联合国气候变化公约》谈判中商定的发展中经济体减少因毁林和森林退化所致排放量的行动。

第18次APEC领导人非正式会议（2010年11月，日本横滨）

我们重申《联合国气候变化框架公约》的目标、规定和原则，包括共同但有区别的责任和各自的能力。我们承诺实现一个成功、各方平衡的结果，其中包括减缓、透明度、财政、技术、适应和森林保护等核心问题。

经济增长和环境可持续应以整体推进，促进绿色经济的发展应通过促进环境商品和服务的贸易和投资，提高能源效率，加强森林恢复与可持续管理。

加强努力实现《悉尼宣言》中关于到2020年将该地区至少增加2000万公顷森林的目标，并指示我们的官员采取具体步骤实现这一目标。我们还将加强合作，解决非法采伐和相关贸易的关切问题，促进森林恢复与可持续管理。

第19次APEC领导人非正式会议（2011年11月，美国夏威夷）

努力实施适当措施，禁止非法采伐森林产品的贸易，并在APEC开展更多活动，打击非法采伐和相关贸易。

第20次APEC领导人非正式会议（2012年9月，俄罗斯符拉迪沃斯托克）

我们承诺加强努力打击野生动植物、木材和相关产品的非法贸易，采取措施确保可持续海洋和森林生态系统管理，并促进非木质林产品的可持续、开放和公平贸易。我们将采取有效措施，通过能力建设、合作、加强执法和其他机制，促进野生动物种群的保护和可持续管理，同时解决濒危和受保护野生动物的非法供应和需求。

我们认识到，由于土地、水、森林和其他自然资源有限，鼓励安全地发展和实施创新农业技术日益重要。我们将促进各研究机构和创新中心之间的协调、互动和能力建设，包括通过区域网络。我们还将寻求各种办法来减轻农业对气候变化的影响，并支持有效和可持续地利用农业和自然资源，特别是土地、森林、水和生物多样性。

● **第 22 次 APEC 领导人非正式会议（2014 年 11 月 中国北京）**

我们将继续努力保护森林资源、打击非法采伐和相关贸易、促进森林可持续管理，并与包括亚太森林组织在内的有关机构合作，以确保《悉尼宣言》中森林目标的实现。

● **第 23 次 APEC 领导人非正式会议（2015 年 11 月，菲律宾马尼拉）**

我们认识到森林在支持我们社区、保护生物多样性、减轻和适应气候变化方面所起的重要作用。我们重申我们致力于《悉尼宣言》中的森林目标，即在 2020 年增加至少 2000 万公顷的各类森林，并促进森林的可持续管理、保护和恢复，以及打击非法采伐和相关贸易。我们欢迎《悉尼宣言》森林目标实现进展的评估报告。

● **第 24 次 APEC 领导人非正式会议（2016 年 11 月，秘鲁利马）**

我们认识到 APEC 可以通过采取措施，进一步促进农业、粮食、森林管理、渔业和水产养殖业的可持续发展，加强粮食市场，将粮食生产者纳入经济体内和全球粮食供应和价值链，减少食品浪费，以应对粮食安全挑战，同时保护自然资源。

● **第 25 届 APEC 经济领导人会议（2017 年 11 月，越南岘港）**

我们重申我们致力于促进自然资源的可持续管理，以实现可持续粮食安全和农业、水产养殖业和渔业部门的生产力的提高。

我们承诺继续通过跨界合作和集体努力，促进亚太地区在土地、森林、海洋和水资源的可持续利用和综合管理方面的合作。

盖面积至少增加 2000 万公顷”（简称“APEC 悉尼林业目标”），确定为亚太森林组织的发展目标之一。亚太森林组织主动与 AEPC 成员开展合作，与 21 个 APEC 成员在林业战略制定、森林可持续管理、退化林恢复、森林防火等领域开展了多种形式的合作，推动“悉尼林业目标”的实现。2016 年主动策划并实施了 APEC 领导人会议倡议的“APEC 悉尼林业目标进展评估”项目，全面分析了 APEC 区域内森林面积和质量变化情况，总结了 2007-2015 年间 APEC 各经济体为实现悉尼林业目标采取的主要行动，并为亚太地区林业下一步发展和国际合作提出了建议，同时也提升了领导人对林业发展的关注和重视。

亚太森林组织充分利用与APEC的“亲缘”关系，筹划并推动建立了APEC林业部长级会议机制，增强亚太地区林业部长级官员的交流与互信，共谋亚太区域林业的可持续发展。亚太森林组织积极参与APEC机制下的相关行动，推动和参与在APEC贸易部长级会议下的打击木材非法采伐与相关贸易工作组（EGILAT）工作，共同应对区域社会发展热点问题。

亚太森林组织积极借鉴吸收APEC的运作机制，建立了开放的成员发展模式，面向APEC各经济体、国际组织和其他伙伴开放，吸收了17个APEC成员为亚太森林组织成员。通过与APEC成员在森林资源管理、林业与乡村发展、跨境野生动物保护、城市林业、林业教育等领域开展政策对话、示范项目、能力建设、信息共享等各种务实活动，推动区域林业不断发展。同时，亚太森林组织也在合作中不断发展壮大，在区域内的影响力和知名度不断提升。

第三章 亚太森林组织活动

为促进亚太区域退化林地恢复，增加森林面积，加强森林资源管理，提升森林生态系统安全，满足区域内不断变化的社会、经济、环境需求，亚太森林组织自2010年起在区域内经济体开展了系列务实活动。截至2017年，亚太森林组织共举办了11次高级别政策对话，实施了37个示范项目，开展了23期国际培训班，培训区域林业官员360多名，培养了103名硕士奖学金生，受益经济体达32个。累计资助资金总额约3000万美元，其中示范项目2200万美元，培训200万美元，奖学金170万美元，政策对话180万美元。

第一节　开展高层对话　推动林业政策协同

促进区域政策对话是亚太森林组织加强区域森林恢复与可持续管理的重要工作之一。亚太森林组织积极借助APEC、亚欧会议（ASEM）和大湄公河次区域经济合作机制（GMS）等平台，推动区域内经济体间的林业政策对话与交流，促进经济体林业政策互鉴与协同，推动林业可持续发展。

一、APEC林业部长级会议

依托APEC平台搭建APEC林业部长级会议机制，推动林业高官交流与

图 3–1　首届 APEC 林业部长级会议

配合高层对话，设计实施项目

- 配合 2012 年在老挝举行的亚欧首脑会议，亚太森林组织设计了“老挝森林可持续管理项目”，纳入会议成果。
- 配合 2014 年在北京举行的 APEC 领导人会议，亚太森林组织设计了“APEC 悉尼林业目标中期评估项目”。，纳入会议成果。
- 配合 2015 年在蒙古举行的亚欧首脑会议，亚太森林组织设计了援助蒙古的“乌兰巴托国家公园内建设小型植物园项目”。
- 配合 2016 年澜湄合作首届领导人会议，亚太森林组织设计了“大湄公河森林生态系统综合治理项目”，纳入了会议成果。

互信。2011 年 9 月，亚太森林组织设计并资助承办了首届 APEC 林业部长级会议，围绕“加强区域合作，促进绿色增长，实现亚太林业可持续发展”主题开展对话，填补了亚太地区林业高级别对话平台的空白。亚太地区 21 个经济体的林业部长和高级官员第一次通过 APEC 平台相聚，共同探讨区域林业发展问题。时任中国国家主席胡锦涛先生出席会议并致辞。胡锦涛在讲话中承诺，中国将为区域特别是发展中经济体林业发展提供力所能及的资金支持，会议通过了《北京林业宣言》，就区域林业发展达成 15 项重要共识，以促进区域内各经济体进一步加强森林保护、恢复和管理，实现亚太地区的经济、社会、环境的可持续发展（图 3-1）。

首届 APEC 林业部长级会议《北京林业宣言》要点

- 保持和进一步增强支持森林保护、恢复和可持续管理的政治意愿。
- 通过现有国际进程如联合国森林论坛、国际热带木材组织、关于温带寒温带森林的保护与可持续管理标准指标的蒙特利尔进程，促进林业相关协议的执行和推进森林可持续管理的共识。
- 加强森林可持续管理的国际合作，运用创新的资金机制作为绿色增长和绿色经济的组成部分。
- 加强 APEC 各经济体在林业政策和管理的协调和合作，包括但不限于发展林产品贸易和投资，加深林业部门的经济和技术合作，推进合法采伐的林产品贸易，打击非法采伐和相关贸易，并在此领域通过 APEC 新建立的专家组加强能力建设。
- 推进务实合作，保护、恢复和利用森林资源，通过但不仅限于各利益群体如原著居民和乡村社区，积极参与区域林业组织、林业技术合作和其他方面加强本地区的森林可持续管理。
- 在已建立的区域林业组织和进程中，推动更加密切的合作和开展有效行动，包括但不仅限于联合国粮农组织亚太林业委员会、亚洲森林伙伴关系及亚太森林恢复和可持续管理网络，以开展各经济体间的交流与合作，推动森林可持续管理。
- 鼓励 APEC 经济体大力植树造林，防止毁林和森林退化，增加森林面积，提高森林质量，考虑以社会、环境、经济可持续发展的最佳方式，实现 2007 年悉尼 APEC 领导人宣言确立的目标。
- 促进森林在减缓自然灾害的影响以及灾后恢复方面的信息交流。
- 进一步加强林业机构建设，提升林业管理能力和对林业领域的资金筹措，以适应经济、社会、环境快速发展对林业提出的新的特殊要求。
- 积极推进林业法律和政策的制定与完善，以便于，但不仅限于依法治林，建立长期稳定的林业产权制度；加强林业执法，打击非法采伐和相关贸易。
- 坚持合理利用森林资源，重视森林保护和恢复，促进森林面积的增长；提高森林质量，增加森林碳汇，积极应对气候变化；保护与合理利用野生动植物和湿地资源，防治土地退化和荒漠化，保护生物多样性。
- 发展林业产业，扩大就业，加快林区发展，改善民生，在森林尽可能提供范围内促进绿色增长。
- 加强跨部门合作，建立跨部门政策协调机制，倡导参与式森林管理，减少政策冲突对林业的影响。
- 鼓励科技创新，加快林业科技与经济的融合，加强林业领域的能力建设和研发，包括通过技术转让、信息分享和创新融资机制的应用，加强新技术的应用和科技进步，促进创新增长。
- 重视公众意识宣传教育，包括对林业法规、生态保护的重要性、以及可持续林业实践的认识。

图 3–2　第二届 APEC 林业部长级会议

2013 年 8 月，第二届 APEC 林业部长级会议在秘鲁召开（图 3-2）。会议围绕“科技创新，推动森林可持续管理、林产品贸易和森林保护”主题，探讨森林管理对推动绿色增长和改善民生的意义，并针对打击木材非法采伐和相关贸易等问题展开对话。亚太森林组织作为会议共同主办方和出资方，深度参与了会议设计及成果磋商，主持了“部长与林业企业家对话”环节。会议期间，秘鲁

第二届 APEC 林业部长级会议《库斯科宣言》要点

- 保持和进一步增强支持森林保护、恢复和可持续管理的政治意愿。
- 提高森林对新兴绿色经济的重要贡献，对新型木制品和非木质林产品、服务和应用程序开展科研、创新和示范。
- 为包括原著居民和当地社区在内的所有森林使用者的福祉，推动相关政策、技术和投资。
- 加强 APEC 地区私营部门对森林可持续管理的投资，使其获得更多的技术和市场，创造有利的政策环境吸引投资者，包括制订健全的林业法律、有效的执法和森林治理框架、森林认证等市场工具、社会和环境保障措施等。
- 认可土著居民、当地社区和传统知识对森林可持续经营的关键作用，促进传统知识与其他经济行业管理和规划层的联系。
- 认可将林业关切与其他行业发展相结合的重要性，协调经济发展和森林可持续管理的关系。
- 加强环境教育和增加获得的林业信息量，以支持政策制定者、社区、非政府组织和私营部门了解、经营、保护及监测森林的努力。
- 鼓励适合的国际和区域组织，支持 APEC 经济体更好地监测评估亚太地区的森林覆盖率、森林生物多样性，森林及其生态系统服务对区域经济发展的作用。

- 推动 APEC 经济体的技术合作，分享治理方面的最佳做法、经验和教训，特别是各级推动森林可持续管理的制度法律框架、法规和公共政策。
- 推动 APEC 经济体各级政府、私营部门、民间社团组织和当地非政府组织在森林可持续管理领域的能力建设。
- 鼓励发展地方林业产业，以创造就业机会和生产来源可持续的增值产品，探索加强国内外市场竞争力的途径。
- 保持和加强 APEC 各经济体为打击非法采伐和相关贸易所做的工作，包括实施相关教育项目，促进合法采伐林产品贸易，支持各经济体的能力建设活动。
- 认可 APEC 林业部长级会议对促进 APEC 经济体林业合作和落实 APEC 领导人宣言林业倡议的重要作用，邀请各经济体在必要时举办此类会议。
- 考虑根据 APEC 程序或 APEC 框架的其他安排，建立各方同意的政策伙伴关系对话平台，以落实 APEC 悉尼林业目标，并谨记应简化 APEC 工作程序。
- 认可森林产品和生态系统服务对国内经济和城乡社区的贡献，酌情将这些贡献纳入国内核算体系和各级发展政策及规划。
- 将森林可持续管理和保护纳入 APEC 经济体的发展政策和战略，以便使森林效益最大化，并尽可能减少或避免其他行业对森林的负面影响。
- 酌情与其他有益于实现 APEC 悉尼林业目标的国际组织合作。

农业部部长米尔顿•冯•埃塞多次就亚太森林组织对会议的支持与贡献表示感谢，美国和澳大利亚对亚太森林组织的工作成绩表示高度赞赏。会议成果文件《库斯科宣言》强调，“亚太森林组织在区域林业合作进程中发挥了积极而重要的作用。”

2015 年 10 月，第三届 APEC 林业部长级会议在巴布亚新几内亚召开（图 3-3），来自亚太地区 18 个经济体的林业部长和高官近 200 人出席会议。会议以“通过森林可持续管理，构建可持续与有恢复力的社区，建设包容经济和更美好的世

图 3-3　第三届 APEC 林业部长级会议

第三届 APEC 林业部长级会议《艾达宣言》要点

- 继续鼓励采取切实行动实现到 2020 年所有类型森林面积至少增加 2000 万公顷的目标。
- 解决实现悉尼林业目标、全球森林目标和可持续发展目标中林业目标所存在的共性差距和挑战。
- 鼓励 APEC 经济体通过亚太森林组织和其他双边多边合作支持森林可持续管理，包括促进 APEC 各经济体内部及各经济体之间开展林业合作与政策对话。
- 在 EGILAT 通过的《非法采伐和相关贸易共同理解文件》和《木材合法性指南模板》的基础上，加强 APEC 经济体间打击非法采伐和相关贸易方面的合作，促进合法林产品贸易，推动能力建设。
- 继续通过 EGILAT 分享打击非法采伐和相关贸易及促进合法林产品贸易执法措施和政策方面的信息及最佳实践。
- 分享推进本地区森林治理实施工具和机制方面的经验和教训。
- 认识到农业、林业及其他土地利用部门为实现森林可持续管理进行跨部门协调的重要性。
- 认可并鼓励有利于推动和加强公开、透明投资的相关政策和机制，以促进林业行业发展及合法采伐林产品贸易。
- 支持并鼓励开展促进森林可持续管理及有效森林执法的相关教育项目。
- 推动林业行业的各利益相关者在森林可持续管理领域的能力建设。
- 认可、支持并鼓励相关研发工作，优化森林的多种价值和效益。
- 认可私营部门对森林可持续管理的贡献，并通过适当的政策框架支持他们的工作。

界”为主题，重点讨论了支持森林可持续管理、森林保护与恢复、减缓气候变化影响、大规模农业及其对森林保护的影响及相关管理措施、保持和加强对木材非法采伐及相关贸易的打击力度、林业投资等议题。会议还就增加亚太地区森林面积的合作途径、林产品及森林服务的贸易与透明度、促进林业产业发展最佳实践等进行了交流，对定期召开 APEC 林业部长级会议表示肯定，对亚太森林组织的重要作用和所开展的悉尼林业目标进展评估表示赞赏。会议强调了林业在应对气候变化中的作用，针对推进森林可持续管理、构建可持续社区等话题进行了深入探讨，并通过了成果文件《艾达宣言》。

2017 年 10 月，第四届 APEC 林业部长级会议在韩国首尔召开（图 3-4），来自APEC经济体负责林业事务的部长、高级官员和林业国际组织的代表约100人出席会议。韩国总理李洛渊出席开幕式并致辞。会议回顾了悉尼林业目标确立以来，APEC各经济体采取行动，增加亚太地区森林面积的积极努力，分享了各经济体打击木材非法采伐及相关贸易经验，重申了对实现联合国可持续发展议程的承诺，并就未来通过可持续森林管理改善当地居民收入、创造绿色就业机会、发展森林休闲旅游、提供社会生态福利

图 3-4　第四届 APEC 林业部长级会议

第四届 APEC 林业部长级会议《首尔宣言》要点

- 继续努力并加大力度，实现到2020年本区域森林面积至少增加2000万公顷的目标。
- 通过各经济体制定与实施相关政策，以及各经济体间共享信息和最佳实践，加强打击非法采伐和相关贸易方面的合作，特别是通过EGILAT渠道。
- 进一步加强各经济体间的协调与合作，促进合法采伐林产品贸易，为增加来自森林的收入和国际贸易机会等做出贡献，同时就相关有效机制的最佳实践和信息进行共享。
- 改善森林健康、生产力和恢复能力，确保其能够持续地提供基本产品和服务，并进一步为减缓和适应气候变化做出贡献。
- 促进以林为生林区的复兴和区域发展，提高森林的惠益，特别是在增加林业工作机会和收入等方面。
- 加强森林休闲、疗养、教育和福利等领域成功的林业政策的执行和共享。
- FAO、ITTO、UNFF等国际组织及APFNet等区域组织加强合作，探讨未来合作行动，使森林对经济、环境和社会发展的贡献最大化，并应对林业面临的共同挑战。
- 通过在APEC领导人会议等相关平台共享第四届APEC林业部长级会议成果，继续提高各方对森林实现APEC使命重要性的认识。

等林业发展方向达成共识。会议通过了《首尔宣言》，并纳入“在适当时候开展悉尼林业目标终期评估、加强林业高层政策对话及与亚太森林组织的合作”等内容。

2011-2017 年间，APEC 林业部长级会议成功举办了四届，会议成果对协同亚太地区各经济体林业发展，推动区域森林的可持续管理发挥了重要作用。目前，APEC 林业部长级会议已逐渐走向成熟，形成隔年举行的固定会议机制，成为亚太地区林业行业唯一的部长级对话交流平台。亚太森林组织作为 APEC 林业部长级会议机制的倡议方、资助方和协办方，将继续与 APEC 各经济体合作，通过提供必要的支持，将推动部长级对话机制化。

二、亚欧林业合作对话

亚欧会议（ASEM）是在亚洲和欧洲之间建立的政府间论坛，旨在促进新型、全面的伙伴关系，加强相互间的了解、对话与合作，为两大洲乃至全球经济和社会发展创造有利条件。ASEM 是亚洲与欧洲之间交流合作的重要平台，活动形式主要包括首脑会议、外长会议以及其他部长级会议、高管会议等。

近年来，随着林业议题在国际政治外交议程中的地位不断攀升，林业合作也成为 ASEM 的热点问题，在领导人外交成果中占据了一席之地。在第八届和第九届亚欧首脑峰会上，亚太森林组织依靠自

老挝北部森林可持续管理示范项目

项目目标

通过开展林地利用规划，探索和示范创新型森林恢复方法，推广社区林业可持续经营模式，协助老挝加强森林执法和跨境生物多样性保护，促进老挝北部省份森林可持续管理。

主要产出

1. 老挝北部南塔、乌鲁姆塞和波乔三省林地利用规划；
2. 老挝北部地区退化林地恢复与管理模式；
3. 完善的老挝国家林业监察体系；
4. 中老跨境生物多样性保护联动系统。

执行机构

老挝农业与林业部

执行期

2014 年 8 月至 2020 年 7 月

项目资金

总额：356 万美元，其中 APFNet 资助 298 万美元。

身优势，发挥成员作用，充分利用该政治平台，提出了举办“亚欧森林可持续管理应对气候变化高级研讨会”和在老挝开展“亚欧林业示范项目”的倡议。

2011 年 6 月，“亚欧森林可持续管理应对气候变化高级研讨会”在中国临安召开，会议围绕“加强森林可持续管理，应对气候变化”主题，讨论了森林可持续管理在应对气候变化中的地位和作用，交流了加强森林可持续管理应对气候变化的成功经验，探讨了为减缓和适应气候变化开展务实合作的重点领域和重要途径。

为落实 ASEM 领导人关于在老挝开展林业示范项目的倡议，2013 年 5 月，老挝农林部副部长蒂•蓬马萨克代表团一行访问亚太森林组织秘书处，双方共同商定亚欧林业示范项目的具体活动规划和实施安排。老挝北部森林可持续管理示范项目于 2014 年正式启动。

三、大湄公河次区域林业政策对话

亚太森林组织成立伊始，就把大湄公河次区域作为探索合作、开展活动、促进森林可持续管理的重点区域。2010 年 6 月，亚太森林组织在云南省召开了“大湄公河次区域森林可持续管理国际研讨会”，来自大湄公河次区域各经济体以及湄公河管理委员会、TNC、中国西南林业大学等区域重点机构的代表，探讨了区域内森林可持续管理方面的最佳实践和各经济体的林业政策走向，确定区域未来合作的重点领域：森林可持续管理、森林执法与施政能力建设、生物多样性保护等（图 3-5）。

2013 年 9 月，亚太森林组织举办“大湄公河次区域森林可持续经营高级研修班”。中国、缅甸、老挝、泰国、越南和柬埔寨的高级林业官员就森林生态效益补

图 3–5　2010 年 6 月　亚太森林组织举办
“大湄公河次区域森林可持续经营国际研讨会”

图 3–6　2013 年 9 月　亚太森林组织举办
“大湄公河次区域森林可持续经营高级研修班”

偿、森林执法与施政、REDD+ 和林业社区生计等国际和区域林业热点问题进行了广泛交流和深入探讨（图 3-6）。

四、大中亚林业部长级会议

大中亚包括指哈萨克斯坦、乌兹别克斯坦、土库曼斯坦、塔吉克斯坦、吉尔吉斯斯坦、蒙古及中国西部地区。大中亚地区是亚太森林组织战略重点区域之一。为加强亚太森林组织与这一区域经济体的沟通与合作，亚太森林组织积极推动大中亚林业部长级会晤机制的建立，共商区域林业合作事宜。2016 年 5 月，首

图 3–7　2016 年 5 月　首届大中亚林业部长级会议在哈萨克斯坦召开

届大中亚地区林业部长级会议在哈萨克斯坦召开，标志着大中亚林业部长级会议机制的正式启动。会议通过了《阿斯塔纳宣言》，确定了区域林业发展重点领域和有效途径。与会代表表示，大中亚地区各经济体将在中国“一带一路”倡议框架下，进一步深化区域林业领域的务实合作，推动大中亚地区的生态环境保护和荒漠化治理进程（图3-7）。

另外，亚太森林组织积极开展针对大中亚地区的高层对话，落实部长级会议成果，为部长级会议提供技术和政策层面的支撑。亚太森林组织分别于2014年在北京和2015年在乌兰巴托举办了第一届和第二届大中亚地区林业战略合作高级对话会议，研讨区域

首届大中亚林业部长级会议《阿斯塔纳宣言》要点

- 考虑会议参加国经济体代表在林业领域的政策和主要活动。
- 欢迎参与经济体的森林当局努力增加大中亚区域的森林覆盖率，减少森林火灾，森林病虫害，非法采伐，削弱荒漠化和退化进程。
- 在解决这些问题方面发挥重要作用，例如在相互讨论和认识森林部门的挑战和成就的基础上发展广泛的跨界和区域合作，立法支持，参与联合执行方案和项目，研究和发展。这种合作最有前景的领域如下：
  减轻气候变化和森林健康下降的影响；
  －防止跨境森林火灾；
  －防治林地退化和沙漠化；
  －促进区域森林监测系统的发展；
  －促进森林保护的生物学方法；
  －在沙漠地区推动可持续发展的人工林；
  －保护和利用森林遗传资源；
  －促进制定评估森林生态系统服务价值的方法；
  －促进林业专家的能力建设和培训；
  －与会经济体未来达成的其他事宜。
- 建议确保在大中亚经济体内进行有效的区域和跨界合作，继续进行部门间协商。通过经济体提名的来自林业主管部门的联络员，保持经济体间的沟通，以确保：
  －组织和维护部门间关系；
  －发展和协调经济体间相互交流的机制；
  －筹备和组织经济体林业主管部门负责人和专家级别的会议，讨论区域林业重大问题。
- 首届大中亚地区林业部长级会议与会代表承认亚太森林组织在促进大中亚地区林业合作方面的努力和支持，并敦促该地区各有关组织、专家和公众积极参与这一合作，加强保护，扩大合作领域，提高森林的可持续性。

务实合作，提出了大中亚地区林业战略合作框架和行动方案，同意建立大中亚林业部长级会晤机制。2017 年 6 月，第三届大中亚地区林业战略合作研讨会在吉尔吉斯斯坦伊塞克召开。会议围绕林地退化、荒漠化防治、森林资源监测等议题展开讨论，并进一步交流了大中亚经济体对该机制的诉求与期望，提出具体项目建议，以推进亚太森林组织在大中亚地区的活动有序高效开展(图 3-8)。

第一次大中亚林业战略合作高级研讨会（2014 年 中国北京）

第二次大中亚林业战略合作高级研讨会（2015 年　蒙古乌兰巴托）

第三次大中亚林业战略合作高级研讨会（2017 年 吉尔吉斯斯坦伊塞克）

图 3–8　历届大中亚地区林业战略合作高级研讨会

第二节 实施示范项目 推广最佳林业实践

为促进亚太地区退化林地恢复，增加森林面积，提升区域森林生态系统安全，亚太森林组织通过项目实施，示范并推广森林恢复与可持续管理最佳实践，提高亚太地区森林可持续管理水平。

一、项目总体情况

截至 2017 年，亚太森林组织共资助项目 37 个。其中，已结题项目 15 个，正在执行项目 22 个，总资助金额约 2200 万美元（表 3-1）。

作为亚太地区林业合作重要平台，亚太森林组织联合区域内林业政府部门、科研教育机构、林业国际组织等开展广泛项目合作，项目涉及东南亚、东亚、南亚、大中亚、大洋洲、北美洲六大区域的 22 个经济体（表 3-2，图 3-9）。

表 3-1 亚太森林组织年度项目情况

年份	项目数	资金量（万美元）
2010	4	158(7.2%)
2011	6	459(20.9%)
2012	2	60(2.7%)
2013	3	106(4.8%)
2014	3	356(16.2%)
2015	8	412(18.7%)
2016	4	325(14.7%)
2017	7	326(14.8%)
合计	37	2201(100%)

表 3-2 亚太森林组织项目分布

区域	项目总数	资金量（万美元）	资金百分比
大湄公河次区域	12	913	41.47%
东南亚（除大湄公河次区域）地区	2	56	2.53%
南亚地区	4	149	6.77%
大中亚地区	3	188	8.55%
太平洋岛国	3	72	3.29%
北美地区	2	164	7.44%
东亚地区	6	460	20.88%
亚太区域	5	200	9.06%
合计	37	2201	100.00%

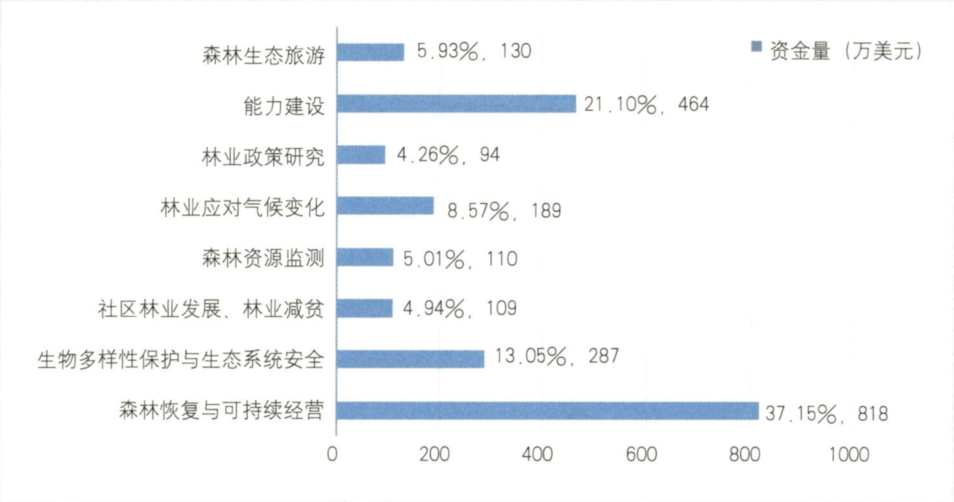

图 3–9　亚太森林组织项目资金按领域分布情况

亚太森林组织项目涉及森林可持续管理、退化林地恢复与管理、社区林业发展、林业减贫、森林资源监测、林业政策研究、生物多样性保护及跨境生态系统安全等领域，以 APEC 成员经济体为重点对象，通过项目实施，有效提高了成员经济体森林管理能力，最大限度持久发挥林业对社会经济发展的支持作用。

二、项目立项

亚太森林组织示范项目立项包括项目概要书评审、项目建议书评审和项目资助批复三个阶段。

（一）项目概要书评审

亚太森林组织通过官方网站 www.apfnet.cn 发布信息，公开征集项目。项目征集通知见亚太森林组织网站。

1. 项目概要书

项目概要书在概念层面展示项目的设计理念，简要分析项目背景情况，项目与促进目标区域林业发展和优先领域的关联性。要求项目设计逻辑性强、预算合理，目标明确、具体、可操作、可评估、可实现。项目概要书内容应符合经济体林业法律法规和林业发展战略规划等辅助材料。

项目概要书采用统一的格式模版，英文填写。对于已委任理事会代表的经济体和机构，项目概要书须通过理事会代表审核提交。国际组织申请在某经济体实施项目时，应事先取得该经济体同意。

2. 项目概要书评审

亚太森林组织将邀请在森林资源管理和项目设计与项目管理等方面经验丰富的专家组成项目评审专家组，对项目概要书评审打分。通过专家评审推荐的概要书，可以此为基础编写项目建议书。

（二）项目建议书评审

1. 项目可行性研究

项目概要书评审通过后，如因申请方缺乏技术力量或资金而无法进行可行性研究和编写项目建议书，亚太森林组织将视情况组织专家开展项目可行性研究，完善项目建议书文本、设计项目活动方案，协助项目申请方完成项目建议书编制。

2. 项目建议书提交

项目建议书须经项目申请方所在经济体或机构的理事会代表签字（或附该济体林业主管部门推荐信）后方可提交给亚太森林组织秘书处。

项目建议书编制要遵循以下原则：

- 项目以森林可持续管理、森林恢复的最佳实践为重点；
- 明确项目示范什么，示范给谁，如何推广；
- 项目逻辑框架清晰，项目目标必须遵循 SMART 原则，即明确具体、可量化评估、符合实际情况和需求、可在限定时间内实现，以支持实现项目的长期目标；
- 项目活动尽量分解细化，明确责任人、时间计划和资金来源；
- 项目预算应合理有效。项目资金应优先用于项目活动及核心研究活动，项目内部评估、审计等相关费用，以及办公场所租赁和办公设备等建议从项目实施方配套中列支；
- 体现项目执行方在项目实施、管理和协调方面的综合能力和经验，尤其是获得林业主管部门支持及项目宣传推广的能力；
- 项目管理架构要确保各利益相关方的参与和沟通协作，有效整合各方资源，共同实现项目目标和产出；

- 项目监测、评估及审计纳入项目工作计划和预算；
- 项目产出及成果可推广，以确保项目的可持续性。

3. 项目建议书评审

项目评审专家组对提交的项目建议书进行综合评审，通过评审的项目将被列入推荐名单，供项目捐资方考虑。秘书处负责向申请方通知评审结果及专家评审组意见和建议。得到推荐的项目申请方根据专家评审组意见进一步完善项目建议书并按时提交秘书处。

（三）项目资助批复

亚太森林组织秘书长签发信函批复获资助项目，确认对项目实施的资金支持，同时提醒项目执行方启动项目协议签署的准备工作。

虽经评审专家组推荐但当年无法获得资助的项目，可视情况在下一年度项目资助中优先考虑。

三、项目实施成效

（一）开展森林恢复，增加森林面积和覆盖

亚太森林组织一直致力于推动亚太地区退化林地恢复，增加森林面积，

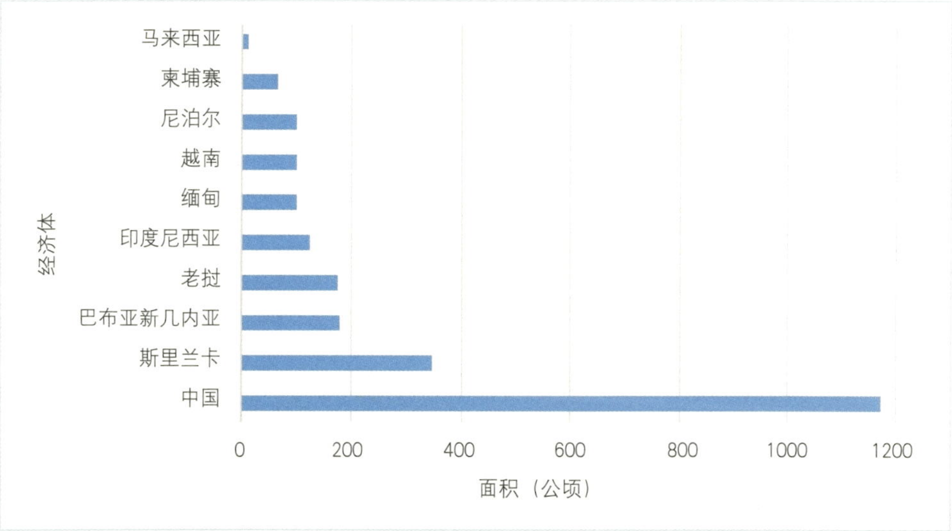

图 3-10　亚太森林组织资助经济体开展森林恢复面积

提高森林质量。自2010年以来，亚太森林组织已资助森林恢复相关示范、能力建设和政策研究类20余个项目，探索森林恢复最佳模式与政策路径。截至2017年，共建立森林恢复示范区近3000公顷，主要集中在热带林，并兼顾温带林和亚热带林。森林类型涵盖天然林、退化次生林和人工林（图3-10）。

亚太森林组织主要围绕“总结、示范和推广森林恢复的政策、成功案例、成功模式和途径以及理念”为主线开展工作。通过研究毁林和森林退化诱因、森林转型发生机制、森林覆盖率监测、气候变化对林业影响等确定潜在恢复机会；分析毁林和森林退化差异化原因，围绕多功能恢复目标，设计适地适树的恢复方法，主要包括自然更新、补植、混农林、多功能林恢复、社区参与森林恢复、森林景观恢复等；倡导新理念。

摒弃“森林恢复就是种树”的传统观念，倡导从“保护好现存林地、恢复管理好退化林地、减少毁林潜在威胁要素”三个维度出发，开展森林恢复全产业链管理与研究，内容涵盖参与式本底调查、跨学科综合规划、幼苗培育与种源保护、水土保持、农林复合恢复模式、生计开发、可替代能源、林地权属等诸多方面。探索有效途径，推动区域森林恢复。

亚太森林组织既支持在单个经济体开展森林恢复，解决经济体内具有代表性的迫切问题，同时关注区域内的共性问题，在大湄公河次区域、大中亚和中南半岛等区域开展跨经济体森林恢复，协同力量，共同解决区域退化林地问题。

【案例1】中南半岛基于生态安全的森林恢复示范项目

项目名称：中南半岛基于生态安全的森林恢复示范项目

执行机构：联合国大学

执行期：2013.1-2015.12

项目目标：实践多种退化林地恢复模式，提高当地居民森林可持续管理能力，保障跨境生态安全。

主要活动及产出：

1. 总结中国、老挝、缅甸4个示范区及中南半岛山区森林恢复最佳案例；
2. 采用本土濒危树种、利用传统知识，研究社区参与森林恢复模式并在试点地区开展示范活动；

3. 提高政策制定者、林农及林业从业人员退化林地恢复能力；

4. 制定中南半岛可持续森林恢复战略规划；

5. 构建基于社区的森林可持续恢复信息网络、建立网站、加强跨境合作，共同保护跨境生态安全。

东南亚内陆山地由泰国北部、老挝、越南、中国云南省、缅甸克钦邦和掸邦组成。该区域热带森林分布广和当地特有珍稀物种丰富，是全球生物多样性保护热点地区之一，同时是湄公河等重要国际河流的水源涵养区。除了重要的生态地理区位外，还居住着多个少数民族，是民族文化的聚集地。近年来，由于工业发展、农田扩张、木材需求增加，导致该区域内大面积毁林和森林退化，生物多样性遭到破坏，森林的水源涵养功能也受到严重威胁。随着对森林生态系统保护理念的增强，近年来该地区森林植被有所恢复。然而，区域内经济体森林植被恢复模式大多采取单一外来速生树种营造人工林，忽视了人工纯林可能导致的生态问题。

该项目通过实践多种退化林地恢复模式，探索基于社区的森林恢复与可持续管理的新理论、新方法，加强对乡土珍贵濒危树种的保护与繁育，深入传承和运用传统知识，鼓励社区积极参与，提高当地居民的森林可持续管理能力，减少资源的跨境竞争及灾害的跨境危害，保障区域跨境生态安全。

图 3–11　项目所在中、老、缅跨境样地示意图

项目区为缅甸掸邦区龙秋、老挝琅勃拉邦香恩县、云南西双版纳州景洪市普文镇普文试验林场、普文镇曼飞龙村、中国云南德宏自治州瑞丽市与陇川县（图 3-11）。

4 个示范点均面临着天然林和次生林的退化、人工林单一树种经营、社区参与模式与收益机制不健全、家庭庭院传统种植模式消失等共同问题。老挝项目点重在农林跨部门合作，共同规划土地利用方式，全面设计社区参与度较高的森林恢复计划；缅甸项目点主要探索一种具有更高推广和示范价值的社区参与森林恢复模式；中国云南省项目点主要探索不同模式来解决橡胶林和竹林纯林人工林所面临的生态、经济与环境问题。具体包括：

- 老挝项目点：在四个社区开展人工促进天然更新与补植、高山混农林经营、柚木人工林抚育间伐。

- 缅甸项目点：在社区庭院开展珍贵树种与果树混种、在休耕地示范混农林模式以及对退化次生林开展人工促进天然更新与补植。

- 西双版纳普文试验点：开展了 6 个森林恢复模式的示范，示范区面积约 30 公顷。具体包括“人工林 + 热带树种绿化苗木的培育模式”，“橡胶木 + 珍贵用材树种混交模式（图 3-12）”，“橡胶木 + 珍贵用材树种带状混交模式”，“石斛林下高效种植模式”，“珍贵濒危树种蓝果树回归种植模式(图 3-13)”，“思

图 3–12　橡胶树与望天树、羯布罗香、铁力木等珍贵树种混种模式

图 3–13　珍贵濒危树种蓝果树林隙回归种植模式

茅松高产脂人工林定向培育模式”。

●德宏陇川试验点：针对德宏州竹产业发展过程中竹林更新缺乏、土壤肥力退化导致竹秆径减小、竹笋产量减少、化肥施用导致土壤板结、陈旧竹篼不断积累导致林地空间浪费、大片竹林中生物多样性减少等问题，开展了“优化施肥”、“陈旧竹篼生物处理”、“竹叶生物分解”、“大型丛生竹集约经营配套技术”、“竹林下生物多样性恢复”、“竹林林下种植和林下养殖”等技术研究和示范。

该项目以林业技术创新为主，改变了以经济投资和资源开发型的传统方式。内容涵盖生态建设、退化生态系统修复、生物多样性保护、社区替代生计与替代种植等多个方面，还包括自然科学范畴的森林生态系统、退化森林恢复、森林可持续管理、营造林、经济林培育、竹林营造，病虫害防治等，是一个跨学科跨地域的综合性森林恢复技术输出示范项目。

项目倡导社区参与式森林恢复理念吸引了示范点当地农户的全方位参与，对社区农户影响广泛。当地居民在项目实施过程中深入参与珍贵树种选择、种苗培育、竹林改造等项目活动，保障了项目的顺利开展。示范点的农户是项目的第一目标利益群体，通过参与项目活动和技术培训，当地农户加深了对其赖以生存和发展的森林资源状况的了解，增加了对森林可持续森林管理理念的认识，生态保护意识明显提高。

4 个项目示范点均为典型的内陆山区，具有相似的地理气候环境和民族文化传统。中国云南西双版纳和德宏的两个项目示范点毗邻缅甸和老挝，并与东南亚国家相邻，项目示范的环境友好型橡胶林改造技术和低质人工竹林增效技术，是东南亚各国亟待解决的环境保护与经济发展的重要问题。

2014 年，该项目宣传报道片在第四次亚洲相互协作与信任措施峰会开幕式上和中国中央电视台新闻频道、国际频道多语种循环播出，并被选送至路透社和美联社等多个国际重要媒体。媒体报道充分肯定了亚太森林组织对促进湄公河次区域国际合作的积极推动作用，展示中国云南省森林恢复与管理的先进经验对于东南亚内陆经济体的推广价值。

（二）实践森林可持续经营，推动亚太森林管理水平

1992 年世界环境与发展大会以来，人类对森林产品和服务的单一需求转向环境质量和森林生态系统健康的综合需求。目前，气候变化成为全球面临

的最重大的生态和环境问题。通过森林可持续管理及造林和再造林等提高森林碳吸收与碳储备能力已成为国际社会的一项重要举措。

按照亚太森林组织战略规划，促进森林可持续管理，提高森林生态功能和森林生态系统安全，提高社区生计水平一直是亚太森林组织努力探索的领域和方向。自 2010 年首批示范项目启动以来，亚太森林组织先后在尼泊尔、越南、老挝、马来西亚、柬埔寨、中国台北等多个经济体开展森林管理示范项目。通过项目实施，积极倡导水流域森林生态系统综合治理、景观森林恢复、参与式社区森林管理、多功能林业、近自然林经营、农林复合生态系统等理念，加强森林管理规划与监测水平，鼓励利益相关方多方参与，提升森林经营者经营水平，提升森林的社会经济和生态综合效益。

【案例 2】中国赤峰多功能林业示范基地建设项目

项目名称：多功能林业示范基地建设项目（二期）

执行机构：喀喇沁旗旺业甸实验林场

执行期：2016.1-2019.12

项目目标：建成集“森林可持续经营、社区参与、教育培训、休闲娱乐、生态文化展示”等功能为一体的多功能林业综合示范基地。

主要活动及产出：

1. 探索高标准迹地更新造林技术模式，建设迹地更新示范林；
2. 实施森林抚育，提升中幼林林分质量和森林的多种功能，建设中幼林抚育样板林；
3. 运用近自然经营技术，替代以皆伐为主的成熟林经营模式，建立成熟林多功能采育更新示范林；
4. 安装管护安防监控系统和防火监测设备；
5. 编制《赤峰市落叶松、油松人工林近自然经营技术指南》；
6. 建成森林游憩区及多功能林业培训中心；
7. 提升林场基础设施建设水平及管理人员的能力。

自 20 世纪 50 年代起，中国大力推进国有林场建设工作，截至 2017 年，国有林场森林经营面积占中国森林总面积的 23%。中国国有林场在大规模造林绿化和森林资源管理中取得了巨大成就，为生态建设、提升人民生态福祉、促进绿色发展、应对气候变化发挥了重要作用。

进入21世纪后，特别是在中国“大力推进生态文明建设”的战略决策下，中国国有林场发展模式发生重大转变，由木材生产为主转变为生态恢复和建设为主，由利用森林获取经济利益为主转变为保护森林提供生态服务为主。中国国有林场亟待建立有利于保护和发展森林资源、有利于改善生态和民生、有利于增强林业发展活力的国有林场新体制，为生态文明建设作出更大贡献。

为拓展林业的内涵和外延，开发林业的多种功能，满足社会对林业的多样化需求，同时为中国国有林场改革探索可持续发展道路，2011年起，亚太森林组织在中国赤峰市旺业甸实验林场实施“多功能林业示范基地建设项目”，以“人工林近自然化、天然林高价值化、经营技术本土化、森林资源多功能化”的可持续管理理念为支撑，建立集“森林可持续经营、社区参与、教育培训、休闲娱乐、生态文化展示”等功能为一体的多功能林业综合示范基地。

1. 开展森林可持续经营，提高林场森林质量和多种功能

项目围绕以保持水土、增加碳汇、提供游憩等生态效益的多功能森林为经营目标，针对不同生长阶段林分采取不同的经营措施。①示范高标准迹地更新造林模式，避免“针叶 - 针叶”更替造成的二代林分生长退化，提高林场后续森林资源质量；②开展中幼龄抚育，提升中幼林林分质量和森林的多种功能；③应用近自然经营技术，建立成熟林采育更新经营模式；④人工林近自然化改造和天然次生林近自然采育更新技术示范，建立了人工落叶松、油松和天然白桦次生林近自然经营示范林（图3-14至图3-16）。

图 3–14　高标准迹地更新示范地造林前后

图 3-15　落叶松速生丰产林抚育前后

图 3-16　目标树抚育解放伐前后

2. 社区参与森林管理，实现资源共管和利益共享

围绕社区参与森林经营，开展了苗木培育、非木质林产品可持续利用及社区共管机制的探索，建立林场与社区合作共建示范点 5 个，培育优质苗木 400 万株，非木质资源的采集实现了单一采集到采集、栽培和加工综合利用的转变。建立了“资源共管、利益共享”的林场与社区共建机制（图 3-17，图 3-18）。

图 3-17　项目资助林场苗圃建设

图 3–18　发展林下经济，林下非木质林产品生产与利用

3. 建立多功能林业体验基地，示范森林文化和生态服务价值

体验基地包括森林可持续经营区、湿地管理体验区、森林康养体验区、林业科普宣教区，多方面示范森林的文化价值及生态服务功能（图 3-19）。基地建成后将聘请森林讲解员面向社区及游客宣教森林多功能经营理念，目标年均接待游客 20000 人次，解决就业 300 人次。

图 3–19　建成多功能林业培训基地推广森林多功能经营模式

【案例 3】中国台湾山地农林复合生态系统可持续管理示范项目

项目名称：山地农林复合生态系统可持续管理示范项目

执行机构：台湾林业试验研究所

执行期：2011.1-2012.12

项目目标：建立并示范山地混农林业系统。

主要活动及产出：

1. 建立两套混农林业管理模式；
2. 提升山地混农林业系统对重大山体滑坡和泥石流的预警作用；
3. 开发出有效评估山地农林业系统可持续性的标准和指标；
4. 通过能力建设培训，向社区推广混农林经营理念。

中国台湾属于多山岛屿，农业是重要的生计来源，在高山地区居民生活中占据重要地位。台湾高山地区地质条件脆弱，近年来山体滑坡和泥石流灾害频发，生态破坏和经济损失严重。

森林具有防风固沙、涵养水源、保持水土等功能，在防止山体滑坡和大面积侵蚀方面能够发挥积极作用。为总结推广台湾地区在高山农林生态系统建设方面的经验做法，2011 年，亚太森林组织资助与台湾林业试验所（TFRI）合作开展了山地农林复合系统可持续管理示范项目。项目通过建立不同类型的高山混农林系统（茶园混植牛樟树，茶园混植台湾肖楠、台湾黄檗、雾社樱，槟榔林下混植牛樟、咖啡、土肉桂和台湾肖楠等），探索并示范高山地区在应对山体滑坡和水土侵蚀的最佳混农林经营模式等，提高高山原著民混农林业意识，促进当地社区的生计和能力建设（图 3-20）。同时，通过对不同混农林系统的土壤、水文等环境因子的监测，编制了《高山地区混农林系统水土保持建议指南》，从环境、经济和社会角度制定混农林系统可持续管理标准，设 10 个子项，33 个评价指标。该指标体系的建立初步形成了一套评价混农林系统可持续性的技术指南，为评估类似混农林系统的可持续性提供了参考。

图 3–20　茶树与牛樟树套种对比图
（图上／下分别为 2011 年 8 月和 2013 年 5 月拍摄）

【案例 4】柬埔寨景观层面水流域森林可持续管理项目

项目名称：柬埔寨景观层面水流域森林可持续管理项目

执行机构：柬埔寨皇家林业局森林与野生动植物研究所

执行期：2015.4-2019.2

项目目标：通过制定参与式土地利用规划，在景观层面实践水流域综合管理方法，有效保护和可持续利用流域资源，实现特诺河（Prek Thnot）水流域生态服务功能和社会经济发展水平的平衡。

主要活动及产出：

1. 通过科学评估分析、参与式规划，提升柬埔寨林业局中央和地方官员对于水流域综合管理规划的能力；
2. 通过能力建设活动，提升利益相关者对水流域综合管理规划和特诺河流域开发利用现状的认识；
3. 制定水流域景观级森林经营规划；
4. 建立 3 个混农林示范点，开展水文和生计监测；
5. 创办小型林企，为社区创收。

2015 年，亚太森林组织与柬埔寨皇家林业局森林与野生动植物研究所合作，在特诺河（Prek Thnot）流域开展景观层面水流域森林可持续管理项目，帮助林业官员及主要利益群体分析当前水流域管理的不可持续性问题，强调在景观层面采用参与式土地利用规划解决利益冲突；组织流域内利益相关方共同磋商，制定不同土地类型（如经济林、防护林、缓冲区和社区林等）的参考指标；通过GIS制图，划分出对森林依赖型社区生计活动区、野生动物栖息地、水土流失脆弱区、历史文化区和农业灌溉区。收集整理流域内生物物理、经济社会数据，为土地利用提供基础性信息；撰写《水流域综合管理规划政策建议》，为实现特诺河水流域生态服务和社会经济平衡发展提供政策性建议，带动柬埔寨流域综合规划工作的推广。

（三）支持社区林业发展，提高社区生计水平

据FAO统计，世界森林面积的近三分之一采取基于社区的管理形式，社区林业在亚太地区是实现森林可持续管理，以及实施林区经济、环境和社会平衡发展的最佳模式。社区林业的发展已在促进森林可持续管理、减少贫困、创造就业等方面显示出巨大作用。

亚太森林组织积极推动社区林业发展，先后在中国、尼泊尔、马来西亚、柬埔寨等经济体实施6个示范项目，累计资助资金110万美元。亚太森林组织资助社区发展小型生计项目，提高社区生计水平，促进社区林业释放更大发展潜能。其一，帮助社区获取土地权属，包括森林收益权、管理权、使用权等；其二，通过资助中小林业企业、开发木材及非木质林产品、创造替代生计机会等提高社区生计水平；另外，通过提升社区参与多方磋商能力，提高社区参与林业政策制定话语权。

【案例5】柬埔寨退化林地多功能恢复与管理示范项目

项目名称：柬埔寨退化林地多功能恢复与管理示范项目

执行机构：柬埔寨皇家林业局森林与野生动植物研究所

执行期：2011.12-2014.12

项目目标：通过恢复磅同省与暹粒省的退化社区林，保证木材与非木质林产品可持续生产利用，提高当地人民生活水平，提升柬埔寨皇家林业局对于森林恢复与生物多样性保护和管理的综合能力，促进柬埔寨林业可持续发展。

主要活动及产出：

1. 建立社区苗圃；

2. 两个示范区各建立 2 ～ 3 公顷的示范样地；
3. 对利益相关方开展多功能森林恢复相关能力建设活动；
4. 撰写《森林恢复技术手册》；
5. 通过召开国际研讨会，提升项目的影响力。

林权是实现社区林业可持续管理的基本要素，有效的林权保障能够鼓励社区居民对林地进行负责任的管理，吸引投资，以增加经济、社会、环境效益。

20 世纪 90 年代以来，柬埔寨政府致力于发展社区林业，并将其作为森林资源管理的重要模式之一。2002 年，柬埔寨政府启动实施国家林业工程，将退化林地恢复提上日程。社区林业项目被确定为柬埔寨国家林业工程六大子项之一。社区林业在柬埔寨已发展二十余年，经历了从无到有、从不具法律地位到正式合法化，从毁林和森林退化到社区参与森林保护与管理的重要转型。柬埔寨林业部门将社区林业确定为森林恢复的重要模式之一和林业减贫重要途径之一，并计划在 2029 年前社区林面积达到 200 万公顷。据《2002–2010 年柬埔寨森林覆盖率变化》研究显示：缓冲区和保护区森林覆盖率下降率分别为 6.6% 和 3.5%，而社区林下降率仅为 2%。社区参与森林资源管理带来的环境、社会和经济综合效益逐渐被广泛接受（图 3-21 至图 3-23）。

社区林业是柬埔寨森林资源管理的重要模式之一，但由于受到法律、制度、社会经济环境方面的多重制约，发展缓慢。其中，最突出问题是产权不清晰，社区林与经济特许用地或其他土地利用方式冲突较多；其次，社区能力不足，受资金、技术条件限制，特别是社区林发展过度依赖国际或地方非

图 3–21　次生林抚育示范基地抚育效果对比图

图 3–22　当地社区村民参与社区苗圃建设

图 3–23　亚太森林组织帮助柬埔寨开展珍贵树种苗木培育

政府组织外部资金支持，缺乏可持续资金供给渠道，无法在短时间内提供符合林业主管部门要求的《社区林经营方案》等清单材料，导致行政审批时间延长。

为帮助柬埔寨落实社区林业发展政策，亚太森林组织选取社区林面积分别位居全国第二和第五的磅同和暹粒两省作为项目示范区，探索社区参与森林恢复模式和社区生计改进方案，推动政策落实，提高政策与实践贴合度。项目积极探索社区参与森林恢复模式，通过前期参与方案设计、苗木培育、间伐修枝、中期补植大果紫檀、交趾黄檀、巨翼龙脑香等高经济价值树种，后期开展补植和林木生长监测等，社区全方位自主参与森林管理；项目执行中，亚太森林组织积极协助社区编制森林经营方案，获取社区林经营权证，明确权属，建立林业主管部门与社区共管合作模式，培养互信互助关系；通

图 3–24　社区村民参与乡土树种的补植活动

过自营苗木销售、薪柴生产、蘑菇、水果等非木质林产品采集等替代生计活动，提高社区参与社会经济活动的综合能力（图 3-24）。

截至 2017 年，柬埔寨政府批准 404 块社区森林，覆盖面积达 34 万公顷。目前，柬埔寨 21 个省共分布有 479 个社区林，其中 309 个社区林已与柬埔寨林业局或省林业厅签署了《社区管理协议》，获得了 15 年的经营管理权。

暹粒社区林可持续管理与生计发展作为典型案例发表在 2014 年 9 月出版的《柬埔寨发展回顾(Cambodia Development Review)》期刊上；同年4月，东盟-韩国“柬缅老越森林景观恢复项目”培训班在柬埔寨金边召开，学员实地参观项目示范区，充分肯定了项目社区林发展模式并认为具有全国推广意义。

【案例 6】尼泊尔中部社区森林可持续管理与妇女经济赋权项目

项目名称：尼泊尔中部社区森林可持续管理与妇女经济赋权项目

执行机构：喜马拉雅基层妇女自然资源管理联合会、尼泊尔阿什密塔协会、尼泊尔社区资源管理中心

项目执行期：2014.10-2018.3

项目目标：示范科学合理的森林经营措施，推行森林资源的可持续有效利用，改善社区中弱势群体的生计。

主要活动及产出：

1. 通过建立苗圃，制定社区森林经营方案，开展造林学等森林经营培训活动，提升社区森林经营能力；
2. 建立小型社区林业企业（生态公园、木质手工艺品加工和非木质林产品），提高社区居民收入；
3. 通过向社区推广使用节能灶、节能灯和沼气池，降低社区对森林资源压力。

基于社区的林业企业是社区林业发展的重要支撑，通过发展社区林业企业及提高森林经营和利用的成效，能够有效促进社区林业的潜在价值并带来更多的经济效益。

尼泊尔是社区林业理念的践行者，社区森林面积达181万公顷，社区林对尼泊尔农村发展十分重要。亚太森林组织通过与尼泊尔社区林业用户联合会(FECOFUN)、尼泊尔喜马拉雅基层妇女自然资源联合会（HIMAWANTI）等合作，在尼泊尔政府和森林与土壤保持部的支持下，开展了社区参与森林可持续管理示范项目，共支持建立基于社区的小型林业企业13个，创造就业机会4500个，减贫效果明显。

图 3–25　亚太森林组织资助尼泊尔建设生态公园

“尼泊尔中部社区森林可持续管理与妇女经济赋权项目”结合边缘社区居民实际需求和当地自然资源优势，优先选取尼泊尔中部加德满都、曼卡普尔、萨拉布三个地区开展示范活动，资助建设三个基于社区林的小型企业，使社区居民通过对自然资源的有效管理及合理开发，提高生计水平。在加德满都建成生态旅游公园（图 3-25），包括10公里生态步道，观鸟云台、休闲凉亭等基础设施；在曼卡普尔建成木质手工艺品加工企业及经销合作社，150名社区居民参与手工艺品生产培训，产品在加德满都销售；在萨拉布建立了20公顷草本香料植物示范基地，并建成区域香料销售中心。此外，项目还支持编制了13个基于社区的森林经营方案，建立并示范多种森林抚育技术模式，显著提升了当地社区居民的森林可持续管理能力。同时，项目资助赤贫社区成员安装了替代能源设备，减缓因过度依赖森林资源而造成的采伐压力（图 3-26）。

图 3–26　项目为尼泊尔社区安装太阳能板

“尼泊尔中部社区森林可持续经营与妇女经济赋权项目”在尼泊尔曼卡普尔地区面向社区居民开展为期 9 个月的木质手工艺品加工培训（图 3-27），累计培训 150 人，为贫困居民合理利用资源，增加收入提供生计出路。

图 3–27　面向社区居民开展木制手工艺品加工培训

【案例 7】泰国城市林业与生物多样性保护示范项目

项目名称：泰国城市林业与生物多样性保护示范项目

执行机构：泰国皇家林业厅

执行期：2013.5-2018.1

项目目标：建立生物多样性宣教和示范中心，发展生态旅游。

主要活动及产出：

1. 建立生物多样性宣教和示范中心，开发并推行环境和森林保护课程，推动对当地生物多样性的宣传；
2. 建立生态恢复示范点；
3. 加强生态恢复区基础设施建设；
4. 设计推行生态旅游经营模式，发展生态旅游，增加当地群众收入。

加强能力建设是社区林业发展的重要保障。社区林业经过 40 余年发展，政策逐步完善，但社区以及相关官员在社区森林经营过程中仍缺乏必要的技术能力及决策依据，特别是社区居民作为社区森林管理的直接参与者，仍需要加强森林管理、社区林业企业建设方面的培训力度。

亚太森林组织在中国、尼泊尔、泰国、柬埔寨、马来西亚等经济体帮助建立了 80 余个森林可持续管理示范点，制定了基于社区的森林经营方案 40 余份，为社区森林科学管理提供依据。

亚太森林组织与泰国皇家林业厅合作，在曼谷实施“泰国城市林业与生物多样性保护示范项目”，建立生物多样性宣教中心，培训了 100 余名社区居民和志愿者成为生态向导（图 3-28），面向游客宣教森林保护知识；同时，

图 3–28　项目开展森林保护知识宣教活动

推动生态旅游增加社区收入。项目还为当地学生开发并推行环境保护及生物多样性保护课程，提高民众环保意识。

（四）积极推动政策研究，完善政策框架体系

亚太森林组织自成立以来，积极资助开展林业减贫、森林转型、林业应对气候变化、林业规划与法律制度建设、林业治理等政策研究类项目，推动成熟经验的相互借鉴和未来政策的协同。亚太森林组织主要通过落实林业政策、改进或完善政策制定及施政方略、开发政策制定辅助工具，开展政策研究类项目。

1. 改进或完善政策制定及施政方略

政策合理性与时效性一定程度上决定了政策实施的效果。受社会经济发展水平限制，亚太地区部分经济体林业政策和法律法规不完善，或者政策更新不及林业发展变化等现象比比皆是。亚太森林组织资助此类项目，帮助经济体改进和完善林业相关政策。

【案例 8】斐济、汤加、纽埃岛森林可持续管理能力建设项目

项目名称：斐济、汤加、纽埃岛森林可持续管理能力建设项目

执行机构：太平洋共同体秘书处

执行期：2015.7-2019.3

项目目标：为森林管理规划和森林采伐法规提供有效的战略支持和执行机制。

主要活动及产出：

1. 起草斐济、汤加及纽埃岛的森林管理规划及执行方案，提交政府部门审批，并进行公布；
2. 为斐济、汤加及纽埃岛森林管理规划及法规建立相应的监督和报告机制；
3. 提升林业管理人员的政策制定能力。

斐济、汤加、纽埃均为太平洋岛国，林业在维护国家生态安全、促进国民经济发展中占有重要地位。近年来，三个经济体通过推动森林可持续管理，森林面积和蓄积量持续增加。但由于森林经营规划不完善、农田扩张、滥砍滥伐等因素影响，森林资源受到非可持续利用的威胁。2016 年，亚太森林组

织资助太平共同体秘书处（SPC）开展森林经营政策及法律研究，完成了《汤加全国森林经营方案及操作规程》和《实施方案》，编制了《纽埃森林经营方案及具体实施方案》并已报相关部门审批。

汤加是热带珍贵树种檀香的原生地，近年来，因全球特别是亚太市场需求持续增长，野生檀香几乎被砍伐殆尽，发展檀香人工林已成为重要的替代措施。为保护檀香种植者权益，亚太森林组织通过项目实施，帮助汤加林业部门起草并颁布实施了《汤加檀香木法2016》，推动政府对人工种植檀香者提供种苗补贴，鼓励林农和社会资本参与檀香人工种植。面对旺盛的需求，檀香必将发展成为汤加的重要出口产品之一，在帮助林农脱贫致富中发挥不可替代的作用（图3-29）。

图 3–29　2017 年 4 月《汤加檀香木法案》发布后汤加林业局长接受媒体采访

2. 为政策制定者提供决策辅助工具

随着科学技术水平的不断提升和林业问题的复杂性与多面性，现代林业规划与管理越来越多依赖智能化决策辅助工具。亚太森林组织与区域知名科研机构合作，开发决策分析工具，为可持续森林管理奠定科学基础。

【案例 9】亚太林业应对气候变化研究项目

项目名称：亚太林业应对气候变化研究项目

执行机构：加拿大哥伦比亚大学

执行期：2011.11-2014.10

项目目标：项目采用先进技术，通过构建气候和生态模型，开展空间地理分析以及森林可持续管理等方法，制定适应性策略，以提高亚太地区森林适应气候变化的能力。

主要活动及产出：

1. 完成亚太地区林业应对气候变化政策和技术评估综述及现状分析报告；
2. 构建基于高分辨率卫星数据的区域气候变化模型，预测 2020，2050 和 2080 年的气候变化；
3. 构建常用生态模型；
4. 为亚太地区林业应对气候提供政策建议；
5. 构建气候变化在线预测模型。

气候变化作为全球森林管理面临的挑战之一，也是亚太森林组织关注热点之一。亚太森林组织与加拿大英属哥伦比亚大学（UBC）合作，开展亚太地区林业应对气候变化研究。一期项目建立了基于高分辨率卫星数据的区域气候变化模型和常用生态模型，构建了气候变化在线预测模型，有效帮助科研人员更准确地预测气温及气候变化对树种分布、林分生产力和碳动态变化的影响，为更好地制定森林可持续管理政策提供基础工具。

为优化推广一期项目成果，将模型适用范围从温带拓展到热带及亚热带区域，二期项目选取中国大陆、马来西亚、中国台北、老挝和缅甸作为研究区域，研究气候变化对亚太区域热带及亚热带地区森林生态系统的影响，开展重要植被应对气候变化分析，构建气候变化和生态系统模型，制定适应性

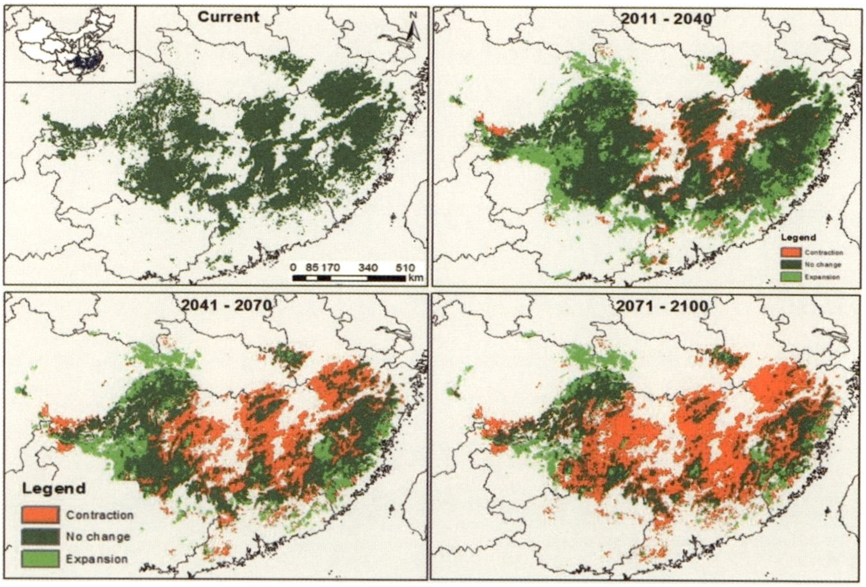

图 3–30　气候变化对中国杉木生长分布的影响

策略，提升区域森林经营规划的科学性，从而提高亚太地区森林适应气候变化的能力。模型建成后，将对各经济体林业规划人员及政策制定者开展培训，提高模型的普适率、科学性、有效利用率（图 3-30）。

【案例 10】大湄公河次区域及马来西亚森林覆盖及碳制图项目

项目名称：大湄公河次区域及马来西亚森林覆盖及碳制图项目

执行机构：中国林业科学研究院资源信息研究所、马来西亚森林研究所、越南林业调查规划院、泰国皇家林业局、老挝国立大学、柬埔寨林业局、缅甸林业局、中国西南林业大学和中国广西林业勘测设计院

执行期：2011.9-2014.12

项目目标：通过遥感技术监测大湄公河次区域及马来西亚森林覆盖及碳储量情况，为森林可持续经营政策的制定提供科学依据。

主要活动及产出：

1. 建立大湄公河次区域遥感数据库；
2. 监测大湄公河次区域和马来西亚森林覆盖率变化；
3. 通过遥感技术，完成 2005 和 2010 年空间分辨率为 30m 的两期森林覆盖图，2005 年到 2010 年空间分辨率为 500m 的年度森林覆盖图；
4. 运用地面实测数据、激光雷达样点数据和遥感影像数据开发森林碳处理估测框架；
5. 完成 2010 年大湄公河次区域和马来西亚地区空间分辨率为 300m 的森林碳储量图。

项目由中国林业科学研究院资源信息研究所牵头，美国地质调查局、柬埔寨林业局、泰国皇家林业局、全球森林和土地覆盖动态观测组织、美国马里兰大学、老挝国立大学、中国西南林业大学、亚洲技术研究所、马来西亚林业研究所、越南林业调查规划院和中国广西林业勘察设计院共同执行，对大湄公河次区域和马来西亚进行森林资源变化监测和碳储量制图，以直观的形式呈现该地区森林变化动态趋势。项目建立了 2005–2010 年间不同空间分辨率 (30~500 米) 的区域遥感数据库；区域内 2005–2010 年间年度森林类型图 (300~500 米空间分辨率) (图 3-31) 和 2010 年森林碳储量估测图 (图 3-32)。项目产出对森林经营规划、森林恢复、林业应对气候变化或 REDD 项目等提供重要基础数据与技术支撑，部分成果已被项目参与方经济体政府采用。

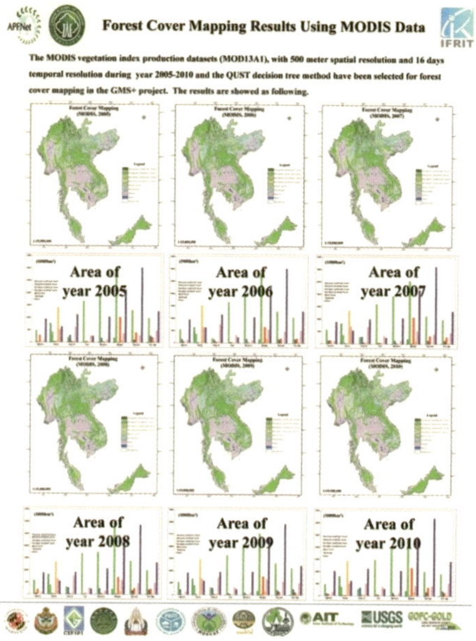

图 3–31　2005–2010 年大湄公河次区域和马来西亚年度森林覆盖图

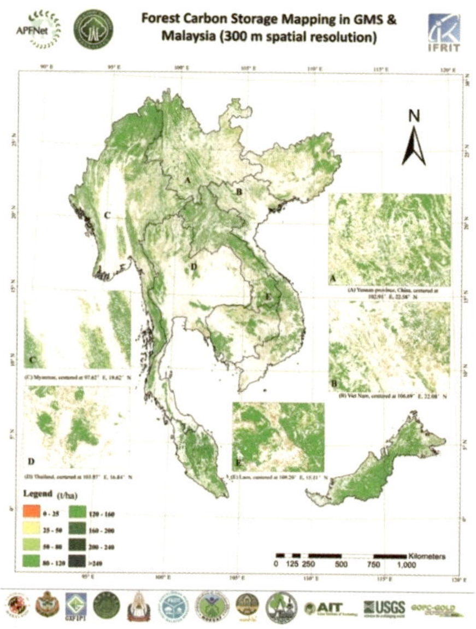

图 3–32　2010 年大湄公河次区域和马来西亚森林碳汇分布图

【案例 11】亚太地区森林转型路径研究项目

项目名称：亚太地区森林转型路径研究项目

执行机构：亚太林业研究机构协会

执行期：2011.12-2013.12

项目目标：通过研究毁林和森林退化的影响因素，促进区域森林恢复和可持续管理，为亚太区域森林恢复提供政策建议。

主要活动及产出：

1. 研究导致森林面积发生变化的影响因素；
2. 形成分类模型，研究整体提升森林经济效益和生态效益的路径；
3. 形成各经济体国别报告，分析森林转型经典案例；
4. 提高亚太区域森林可持续管理的综合能力。

森林转型理论产生于 20 世纪 90 年代并迅速发展。森林转型即森林面积由减少到增加的趋势变化过程。亚太地区森林资源丰富，但不同经济体的森林资源变迁状况迥异。日本、韩国等发达经济体在 20 世纪 60 年代之前就实现了森林转型，中国、印度、越南、菲律宾等新兴发展中经济体在20世纪80年代后逐渐实现了森林转型，而印度尼西亚、马来西亚、老挝等仍处在转型之中。

亚太森林组织与亚太地区科研机构合作，利用森林转型的理论和方法，对上述日本、中国、印度尼西亚9个经济体森林资源变化的驱动力进行比较研究，总结毁林以及森林恢复的主要原因，开展森林转型路径研究及经济体间比对分析，引导森林恢复与可持续管理政策制定，最终形成亚太地区森林转型综合分析报告。

研究结论包括：①不同的经济体存在不同的毁林因素，但热带地区毁林严重的经济体，如印度尼西亚、马来西亚、菲律宾、越南、老挝等，存在一些相似的毁林驱动因素。②对森林恢复的主要因素研究表明，亚洲经济体政府主导的造林和森林恢复项目是其森林面积增长的根本驱动力。印度尼西亚、马来西亚和老挝等森林面积持续下降的经济体，政府的造林活动比较有限。另外，政府管理森林的效能以及社会制度的创新，对森林恢复有着重要的影响。非农就业机会的增长、农村能源的升级转换（由薪材向天然气、电力等转变）、农业改革所导致的农业生产率提高等方面经济社会的发展，对森林恢复产生了积极的影响。③路径差异性研究表明，9个经济体中并不存在统一

图 3-33　项目9个经济体森林覆盖率变化图（1990–2010）

的森林库兹涅兹曲线，除经济增长外，还有其他重要因素影响森林面积变化过程。在影响森林转型的其他因素中，人口压力对中国及老挝的森林面积增长有负面影响；农用地扩张对马来西亚和菲律宾的森林面积增长有负面影响；粮食的增产则对于中国和印度尼西亚森林面积的增长有着显著的积极作用，对于热带地区经济体，种植经济作物而砍伐森林的动机要大于因种植粮食作物砍伐森林的动机。

项目成果为相关经济体制定科学有效的林业政策、遏制与扭转森林破坏与退化趋势、实现森林恢复和可持续经营提供借鉴与指导。(1) 林业政策与森林管理制度对森林资源的保护至关重要。除了造林可直接促进森林面积恢复外，林业管理制度的创新（如通过林权制度改革增加社会参与度），以及森林管理制度的有效实施（如对非法采伐等的监督与惩罚），都对森林资源的恢复与保护产生重要影响。(2) 森林恢复与可持续管理需要多部门协调合作、群策群力。林业部门之外的一些因素，如人口的流动与非农就业的选择、林区能源结构的调整、农业生产的区域定位与规划、农林产品的贸易政策与出口结构、国家产业发展政策等，都会影响到森林恢复与可持续管理。

第三节　开展人员培训　提升林业管理水平

能力建设是亚太森林组织开展重点领域活动的四大支柱之一。推动亚太地区森林恢复与可持续管理的关键因素之一在于提升林业机构和人员的能力。为此，针对亚太地区各经济体林业发展对人才的实际需求，亚太森林组织不断完善能力建设活动内容和培训模式，积极寻求合作伙伴，多渠道全方位开展能力建设活动，2008–2017 年间累计培训了 360 余名中、高级林业官员，培养了 103 名硕士奖学金学生。此外，结合示范项目的实施，对 2200 多名当地林业技术人员和社区林农提供了专业技能和社区生计等方面的培训。

一、成立亚太森林组织昆明培训中心

亚太森林组织依托中国西南林业大学，发挥中国云南省的区位优势，重点面向东南亚和南亚以及太平岛国，开展热带林恢复和经营的培训。2012 年

亚太森林组织与中国西南林业大学合作，共同建立了亚太森林组织昆明培训中心（APFNet-KTC），促进亚太森林组织能力建设活动开展的规范化、系统化、专业化，逐步提升活动的质量和效果（图 3-34）。

图 3–34　2012 年亚太森林组织昆明培训中心揭牌

APFNet-KTC 围绕“森林资源管理”和“林业与乡村发展”两大主题，每年定期举办培训班，对亚太地区发展中经济体的林业官员进行培训，重点分享和推广区域内各经济体在上述两大主题领域的成功案例和经验做法。全面提升和加强亚太地区林业从业者的能力，为推动亚太地区森林的可持续管理作出贡献。目前，APFNet-KTC 现已发展成为亚太森林组织推广、传播区域森林可持续经营理论、经验和最佳实践的重要平台。

二、建设亚太森林组织旺业甸多功能培训基地

依托亚太森林组织资助实施的中国赤峰市旺业甸林场多功能林业示范项目，建立了亚太森林组织旺业甸多功能林业培训基地（图 3-35），总结和示范干旱地森林恢复、荒漠化治理、沙地造林和沙产业等方面的经验，面向中亚地区经济体开展培训。自 2015 年起，亚太森林组织与中国内蒙古自治区林科院、赤峰市林业局合作，依托亚太森林组织赤峰培训基地，开展了荒漠化治理和沙产业发展技术培训班，荒漠化治理和沙产业发展政策研讨班，来自大中亚地区六个经济体的 50 多名官员接受了培训。

图 3–35　亚太森林组织旺业甸多功能培训基地

三、针对区域经济体需求开展主题培训

1. 针对亚太地区开展“森林资源管理”和“林业与乡村发展”主题培训

自 2008 年以来，亚太森林组织以“森林资源管理”和“林业与乡村发展”为主题（自 2016 年起，主题调整为“森林管理与恢复”和“林业与农村生计发展”），每年定期举办两期国际培训班。

亚太森林组织开展主题培训，旨在于通过培训提高亚太地区林业官员分析和掌握国际森林资源管理与林区生计发展动向的能力，加强经济体之间的经验交流。培训内容根据区域林业发展与合作需要，涵盖林权制度改革、可持续森林资源管理、混农林业、森林可持续管理应对气候变化等热点领域。培训采取国际知名林业专家授课、外业调研、学员交流互动等形式，每期培训为 15 天左右。

截至 2017 年，APFNet-KTC 已成功设计和举办了 19 期主题培训班，来自孟加拉国、文莱、柬埔寨、斐济、印度尼西亚、印度、老挝、马来西亚、泰国、中国、缅甸、菲律宾、越南、尼泊尔、斯里兰卡、巴布亚新几内亚、蒙古、秘鲁、墨西哥、智利、不丹等 22 个经济体的 300 余名中、高级林业官员参加了培训。主题培训班得到各经济体高度认可和参训学员的普遍欢迎(图 3-36 至图 3-38)。

此外，针对两大主题，亚太森林组织对培训产出和成果进行了系统总结

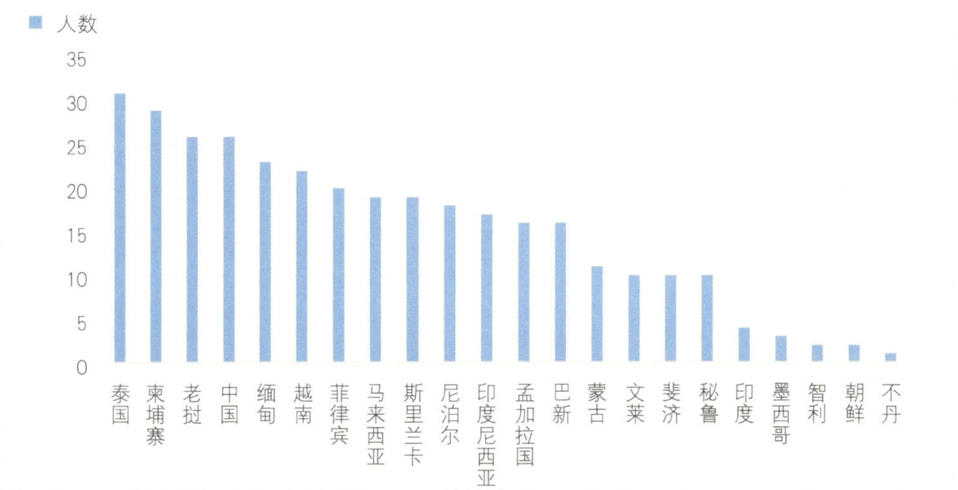

图 3-36　亚太森林组织主题培训学员来源（2008-2017）

图 3-37　主题培训班专家授课

图 3-38　主题培训班现场教学实践

提炼，编辑和出版了《亚太地区森林资源可持续管理》、《亚太地区林业政策与减贫》、《林业与社区生计》、《气候变化与社区林业》、《亚太地区林地权属改革经验》等专题报告，剪辑制作了培训授课视频材料，通过网站、媒体等途径发送至各经济林业政府部门、科研单位，以及区域相关机构和组织，最大化地分享培训产出和成果。

2. 针对大中亚地区开展荒漠化防治技术和沙产业发展培训

为积极落实大中亚林业部长级会议成果，自 2015 年起，亚太森林组织针对大中亚地区对防治荒漠化的特殊需求，依托中国内蒙古自治区防沙治沙和沙产业发展的经验成果，启动了“大中亚荒漠化综合治理”系列培训班，面向大中亚 6 个经济体的林业官员进行培训。培训班一年举办两次，分别以荒漠化治理和生计保障、荒漠化治理和沙产业发展为主题，其中荒漠化治理和生计保障培训班面向处级及以上林业官员，荒漠化治理和沙产业发展培训班则面向林业技术人员。培训注重理论与实践，通过室内授课和实地考察相结合，使学员全面了解荒漠化治理理论和技术、政策支持体系，以及中国在荒漠化治理方面的成功案例。

截至 2017 年，亚太森林组织大中亚主题培训班已举办 4 次，培训了 30 余名大中亚经济体的中高级林业官员和技术人员。

四、实施奖学金项目

亚太区域林业教育资源与发展不均衡，特别是青年林业从业人员学历教育资源匮乏。针对这种实际情况，为培养具备新知识、新技能，能够应对森林恢复与管理新形势的下一代林业工作人员，亚太森林组织先后与中国的北京林业大学、南京林业大学、内蒙古农业大学、西北农林科技大学合作，筹划实施亚太森林组织奖学金项目。该项目旨在通过设立国际奖学金，资助亚太地区和大中亚地区有潜质的青年林业官员、研究人员和学者来华进行为期 2 年的学习，攻读林业相关专业的硕士研究生学位，培养具有国际视野，适应多元文化环境，掌握先进林业管理理念和专业知识，强化实践经验，把握森林管理发展趋势的高级管理人才，促进区域内森林恢复与可持续管理。奖学金项目采用英文教学、小班授课的教学形式，专业包括林学、林业经济管理、林业工程、森林保护、环境工程、荒漠化防治、水土保持等林业热点领域。

学校名称	学位名称
面向亚太地区	
北京林业大学	林业经济与管理硕士学位
南京林业大学	林业工程硕士学位 环境工程硕士学位
面向大中亚地区	
内蒙古农业大学	水土保持与荒漠化防治硕士学位
西北农林科技大学	森林保护硕士学位 水土保持硕士学位 荒漠化防治硕士学位

截至 2017 年，亚太森林组织奖学金项目已资助来自 18 个经济体的 103 名青年林业官员及从业者，其中女生 44 人，占 43%。103 名学生中，已有 46 名顺利毕业，12 名分别在英国、日本、澳大利亚、韩国、中国等继续攻读博士学位，其余毕业生分别就职于林业政府部门、科研院校、国际组织等(图 3-39，图 3-40)。

亚太森林组织奖学金项目的设立，为亚太区域内林业工作者的教育深造提供了机会，创造了便利的条件。亚太森林组织将继续扩大奖学金项目招生规模，提高教学质量和生源质量，为区域林业发展培养和输送更多高素质人才。

图 3-39　亚太森林组织奖学金生考察草莓生态园经营

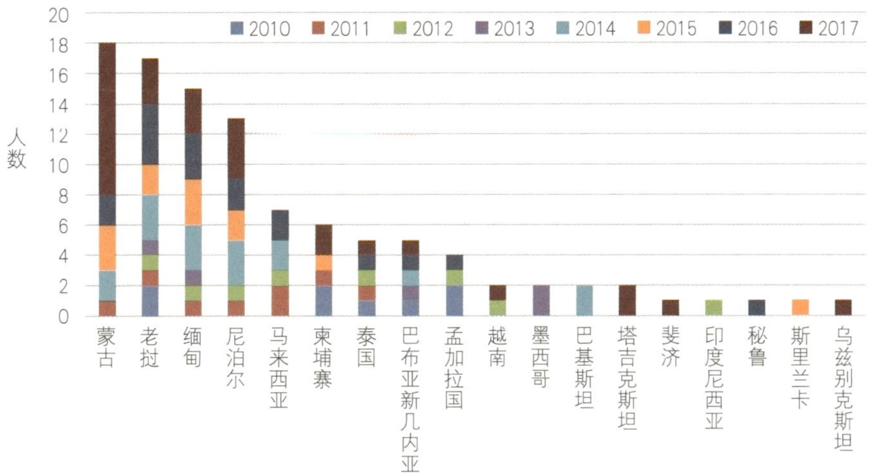

图 3-40　亚太森林组织奖学金生来源分布图（2010—2017）

五、开展经验总结、交流与考察

亚太森林组织成立专家队伍，对区域内经济体在森林经营管理，特别是在退化林恢复方面的经验做法和技术模式进行全面系统总结，并向区域内经济体推广。同时，定期组织区域内发展中经济体林业官员赴林业发展较好、经验丰富的经济体进行现场考察和深入调研，快速提升其林业管理水平。

2016 年 7 月，亚太森林组织组织大中亚经济体司局级官员赴中国北京、内蒙古自治区开展实地调研，考察学习中国在干旱地区造林、森林植被恢复、荒漠化防治的经验做法，以及林业产业发展的理念和模式。2017 年 8 月，亚太森林组织组织中国国有林场场长赴加拿大学习国有林管理模式和经验做法。2017 年 10 月，组织亚太地区部分发展中经济体人员赴尼泊尔考察学习社区林业管理和社区生计发展经验（图 3-41）。

图 3–41　组织区域内经济体代表考察学习森林恢复与可持续管理成功经验和做法

六、通过示范项目培训当地林业人员

除能力建设专项培训外，亚太森林组织还通过示范项目对基层林业管理者、森林经营者、林业技术人员、社区参与者（特别是妇女）及林业企业等利益相关群体开展短期培训。截至 2017 年，已通过示范项目实施对 2200 余名当地务林人员进行了培训，培训内容包括社区参与森林管理、森林恢复模式建设、混农林业、近自然林经营、森林防火预警、地理信息系统与遥感技术、红树林管理及生态旅游等。

第四节　搭建机制平台　强化领域交流合作

自成立以来，亚太森林组织积极深化和拓展区域林业政策对话机制平台，促进区域经济体林业政策沟通与协同，引领区域林业可持续发展。

目前亚太森林组织已经建立的机制有 3 个，分别为亚太林业教育协调机制、亚太林业人力资源开发交流机制和亚太林业规划交流机制；正在积极筹建的机制有 2 个，分别为大湄公河次区域跨境野生动物保护对话机制和东南亚林业科技合作机制。

一、亚太林业教育协调机制

（一）目标

把握亚太地区林业教育走向，促进亚太地区林业教育合作，服务区域林业发展。

1. 近期目标

- 通过定期研讨和调研，明确亚太地区林业高等教育发展现状及趋势；
- 通过建立在线林业教育课程体系，创新林业高等教育模式。
- 推动亚太地区林业高等教育合作交流，促进林业高等教育发展。

2. 远期目标

为亚太地区林业高等教育机构提供信息交流和资源共享平台；推动亚太地区林业教育创新和改革，分享教育成果；提高亚太地区森林可持续管理的综合能力。

（二）重点领域及活动

- 林业教育创新。开展林业可持续经营在线课程项目。
- 林业院校长交流与对话。举办亚太林业教育机制大会，分享经验，共享资源。
- 林业教育骨干交流。签订成员院校校际交流备忘录，便利短期学术交流活动。
- 林业教育走向跟踪。开展亚太教育状况趋势调研，编制教育年报。

（三）主要产出

- 亚太林业教育协调机制通讯。
- 亚太林业教育发展年报。
- 亚太林业教育发展综合报告。
- 亚太林业在线硕士课程体系（推动学分、学位互认）。
- 亚太林业专家库。
- 亚太林业教育信息数据库。

（四）进展及成效

亚太森林组织于2010年倡议成立亚太林业教育协调机制（原名“亚太地区林业院校长会议教育机制”），并于2011年正式启动该机制。

截至2017年，亚太林业教育协调机制已覆盖区域内45所院校，并与多个研究机构和国际组织建立了合作伙伴关系，其中10所院校为机制指导委员会成员，在各自经济体或次区域内协助宣传推广林业教育活动。

根据机制院校成员确定的合作重点，5所院校于2013年着手实施林业创新教育项目，历时三年时间共制作了五门林业在线课程，对林业院校学生及对林业感兴趣的公众免费开放。目前课程在全球点击量已逾三万人，2016年1月至2017年8月活跃用户数来自90多个经济体的3300多人。2016年6月，该项目荣获加拿大“教育实践与合作技术创新优秀奖”，项目取得的技术突破和合作创新得到广泛的认可。

2013年第三次机制会议在新西兰召开，就林业教育创新授课方式进行了分享与讨论。2015 年南非德班世界林业大会期间，机制举行了林业教育创新边会，推广了项目成果。同期举办了教育机制指导委员会会议，修改了教育机制框架文件，进行了指导委员会主席选举，UBC 林学院 John Innes 当选新一届主席，任期四年。教育机制执行办公室随主席换届更换至 UBC。

2016 年 10 月，IUFRO 亚太区域大会前夕，亚太林业教育协调机制召开第四次会议，向教育机制成员通报目前工作进展，鼓励成员参与二期林业创新项目和林业教育年报编写，为年报相关调研积极贡献信息。

2017 年 9 月，IUFRO 第 125 周年大会期间，机制召开了指导委员会会议以及“通过区域合作提升林业高等教育”边会，发布了亚太《林业高等教育报告》（图 3-42）。

图 3-42　亚太林业教育协调机制第 5 次指导委员会会议

二、亚太林业人力资源开发交流机制

（一）目标

结合林业内涵的变化，提出区域内林业在职教育发展方向和总体趋势。

1. 近期目标

- 通过定期研讨和政策调研，分析区域林业在职教育发展现状及趋势。
- 推动区域林业在职教育合作交流，分享经验和能力建设最佳实践，促进林业在职教育发展。

- 增强林业培训机构在培训课程设计、执行方面的能力建设。
- 密切政策协调，对接发展战略，面向重点经济体开展在职教育。

2. 远期目标

促进亚太区域林业人力资源合作交流，提升区域林业在职教育水平，满足森林可持续管理的需求。

（二）对象

- 亚太地区经济体负责林业人力资源的官员。
- 亚太地区经济体中从事林业培训的部门。
- 亚太地区经济体中能够影响林业人力资源的政策制定者。

（三）主要产出

- 亚太地区林业人力资源状况和需求调研报告。
- 亚太地区林业人力资源机制长期发展规划。
- 亚太地区在职培训政策和信息通讯。
- 亚太地区林业在职教育发展趋势报告。
- 亚太地区林业培训机构培训设计指南。
- 面向重点经济体专题能力建设发展方案。

（四）进展及成效

为使亚太林业人力资源开发满足区域内经济体森林可持续管理需求，亚太森林组织于 2014 年底在印度尼西亚茂物举办了第一届亚太地区林业人力资源开发研讨会，提出成立亚太地区林业人力资源开发交流对话机制（以下简称“人力资源机制”）的倡议，并形成了机制的初步框架。经过 2015 年和 2016 年的两次定期对话磋商，进一步细化了人力资源机制框架（图 3-43，图 3-44）。

自 2017 年起，按照各经济体咨询意见，成立了人力资源机制工作组，对机制的长远规划和具体活动进行谋划。同时，为更好地摸清区域林业人力资源开发现状，为机制长远发展规划奠定基础，于 2017 年启动过了区域经济体林业部门在职培训调研，并计划于 2018 年继续完善机制，制定长远规划。

图 3–43　2015 年亚太地区人力资源研讨会

图 3–44　2016 年亚太地区人力资源研讨会

三、东南亚林业科技合作机制

（一）目标

1. 近期目标

- 通过院所级会晤机制、青年学者奖学金、访问学者交流计划、青年学者论坛等，促进区域林业科研院所人员交流与信息共享。
- 通过资助开展小规模科研项目，推动区域林业科研机构科研水平和能力建设。

2. 远期目标

搭建东南亚林业科研院所平台，提高东南亚林业院所科研能力，促进科研合作和学术交流，提升区域林业科研水平。

（二）重点领域和活动

1. 科研院所合作

- 确定青年学者论坛主题。
- 制定科技人员交流计划。
- 交流和汇报青年学者奖学金项目的成果。
- 确定青年学者专项资金资助的活动。

2. 访问学者计划

- 资助青年学者在林业研究所做访问学者；
- 培养青年学者独立研究和项目操作的能力。

3. 青年学者奖项

- 资助新理念、新政策和前沿研究。
- 资助优秀学者出席国际会议。
- 向青年学者论坛汇报成果。
- 定期出版优秀论文集。

（三）主要产出

- 东南亚林业科研热点问题调研报告。
- 东南亚林业青年学者专题科研论文集。
- 访问学者研究报告。
- 青年林业学者数据库。

（四）机制背景

为提高东南亚地区青年林业研究者科研能力，支持有利于社会经济发展的林业科研，加强青年学者沟通协作能力，亚太森林组织计划于 2018 年启动林业科技合作机制，在各林业研究所确定的林业科研合作领域下开展活动。具体策划的活动包括：

内 容	目 标
研究基金奖励	支持青年林业研究者开展符合亚太森林组织战略重点领域的研究项目
参加国际会议	支持青年林业研究者参加国际林业研究会议，分享符合亚太森林组织战略重点领域的科研成果
访问学者计划	支持青年林业研究者与各经济体林业研究机构合作
林业科技论坛	为青年林业研究者相互及与跨部门机构交流知识和经验提供平台

亚太森林组织于 2016 年 10 月 IUFRO 亚太区域大会期间召开了该机制成立的咨询会，征求了各林业研究所研究人员的意见和建议，进一步了解青年林业研究者的需求。2017 年 10 月，又在斯里兰卡科伦坡 27 届亚太林委会期间召开磋商会，确定机制成员组成和运作模式。

（五）机制启动

2018 年亚太森林组织 10 周年庆典大会上，将启动该机制。

四、亚太林业规划交流机制

（一）目标

1. 近期目标

- 通过开展调研活动和每两年召开一次机制会议，促进亚太地区经济体林业规划部门主动分享经验和开展合作。
- 建立一个活跃务实的林业战略规划交流对话平台，围绕与战略规划制定密切相关的重要议题、重点环节展开研讨，交流经验，共享信息。
- 收集、分析和总结亚太区域重要经济体林业战略规划信息，形成具有影响力和权威性的区域林业战略规划及政策建议报告。

2. 远期目标

- 通过定期产出《亚太地区林业战略规划报告》和林业专题分析报告，把握区域林业发展走向和动态。
- 打造区域内林业政策规划信息储备、经验分享、项目合作的常规性、专业性、权威性多边平台，为亚太地区林业目标的提出和项目合作方向确定提供参考，促进区域内各经济体林业规划的科学编制和有效执行。

（二）主要活动

- 总结和分析亚太地区林业发展的现状和走向。
- 结合问题和需求开展政策和规划调研活动。
- 发布具有影响力的亚太地区林业规划报告。

（三）具体对象

- 各成员经济体负责林业规划的官员。
- 各成员经济体林业政策制定者。

（四）进展及成效

随着社会经济的不断发展，亚太地区林业承担的社会功能和历史使命也在不断发生变化，绿色可持续发展赋予了林业发展新使命，人们对良好生态环境不断增长的需求对林业发展提出了新要求。如何快速适应变化，制定实施科学可行的林业规划，是林业规划部门面临的新任务、新挑战。

为此，亚太森林组织倡议成立了“亚太林业规划交流机制”，分别于2013年在新西兰、2014年在柬埔寨召开了两次会议，旨在通过政策研讨、能力建设和技术支持，促进林业发展规划的信息交流和经验分享，提升区域林业规划水平，协同区域林业发展战略。

图 3-45　第三届亚太地区林业规划研讨会在泰国曼谷召开

2017年1月，第三届亚太地区林业规划交流研讨会在泰国曼谷成功召开。会议围绕“推动林业规划向战略规划转型”的主题展开讨论（图 3-45）。

会议还决定开展亚太区域经济体林业规划情况调研，进一步了解各经济体在加强林业战略规划方面的具体需求，为未来机制的发展奠定基础。

经过几年的发展，“亚太地区林业规划交流机制”已逐步走向成熟，运行良好，各类活动按计划逐步开展，成员积极参与，影响力不断扩大，已逐渐成为区域成员经济体分享政策信息、辩论专业议题、培育多边合作的重要平台。

五、大湄公河次区域跨境野生动物保护对话机制

（一）目标

1. 近期目标

召开大湄公河次区域跨境野生动物保护研讨会，确定大湄公河次区域跨境野生动物保护领域的合作需求，探索建立野生动物跨境保护对话交流机制，填补区域内该领域机制平台建设的空白。

2. 远期目标

- 成功运行大湄公河次区域野生动物跨境保护对话机制，为大湄公河次区域经济体野生动物保护部门进行定期交流，协同开展跨境野生动物保护提供固定渠道和长期支持。
- 打造区域内跨境野生动物保护信息交换、政策建议、项目合作的常规性、专业性、权威性多边平台。
- 帮助各经济体提升野生动物保护水平及区域合作成效，更好地把握应对国际热点议题的话语权和议题设置权，为区域协调开展野生动物保护和打击野生动物非法贸易工作做出贡献。

（二）主要活动和成果

- 发布大湄公河次区域野生保护报告。
- 总结提炼大湄公河次区域经济体在机制下开展合作的成果。
- 大湄公河次区域跨境野生动物保护模式和机制。
- 制定跨境野生动物保护联合行动方案。

（三）机制背景

大湄公河次区域森林资源丰富，是野生动物保护的热点区域。2014 年，

亚太森林组织在老挝实施了老挝北部森林可持续管理示范项目，项目在老挝南塔保护区与中国西双版纳自然保护区开展生物多样性联合保护，开展了珍稀物种调查、联合巡护定和跨境林火监测与预防等活动，取得了良好的效果。

在此基础上，2017年亚太森林组织倡议建立大湄公河次区域跨境野生动物保护机制，邀请区域内野生动物保护相关部门参加，旨在加强大湄公河次区域野生动物保护跨境跨部门合作，为经验交流、政策研讨提供平台，支持跨境跨部门合作，加强野生动物保护区域协作，提升区域保护管理水平。

2017年12月，亚太森林组织与泰国皇家林业厅在曼谷联合举办“大湄公河次区域跨境野生动物保护机制研讨会”，柬埔寨、越南、老挝、缅甸、泰国和中国野生动物保护部门相关负责人员参会，重点讨论建立大湄公河次区域跨境野生动物保护机制，并就机制运行、合作方式、重点领域及活动设计征询意见。

（四）机制启动

2018年亚太森林组织10周年庆典大会上，将启动该机制。

第五节　建立伙伴关系　合力推动林业发展

亚太森林组织与FAO、ITTO、国际林联（IUFRO）、亚太地区社区林业培训中心(RECOFTC)、亚太林业研究机构协会(APAFRI)签署了合作备忘录，

与亚太森林组织保持良好合作关系的机构

- 联合国森林论坛
- 亚太经合组织
- 全球森林与土地覆盖动态观测行动
- 国际示范林网络
- 国际竹藤组织
- 大自然保护组织
- 世界自然基金会
- 太平洋共同体秘书处
- 世界自然保护联盟
- 澳大利亚国立大学
- 北京林业大学
- 墨尔本大学
- 南京林业大学
- 西南林业大学
- 不列颠哥伦比亚大学
- 马来西亚博特拉大学
- 菲律宾大学

并在示范项目、政策对话、能力建设等领域共同开展了实质性合作。与联合国森林论坛(UNFF)、世界自然基金会(WWF)、世界自然保护联盟(IUCN)、欧洲森林研究所(EFI)等20多个涉林国际组织和研究机构联合建立了良好的合作关系(图3-46,图3-47)。

图 3–46　2017 年 9 月 25 日亚太森林组织董事会主席赵树丛先生与 UBC 林学院 John Innes 院长共同为亚太森林组织美洲联络办公室揭牌

图 3–47　2016 年 10 月 23 日亚太森林组织与国际林联签署合作谅解备忘录

表 3-3 与亚太森林组织签署备忘录的合作伙伴

合作伙伴	备忘录有效期（年）
FAO 森林与农场基金	2012—2017
秘鲁农业和灌溉部	2013—2018
中国林业科学研究院	2013—2018
国际林联	2016—2021
亚太社区林业培训中心	2015—2020
联合国粮农组织	2015—2020
中华全国妇女联合会	2015—2020
亚太林业研究机构协会	2012—2017
国际林业研究中心	2017—2022
国际热带木材组织	2017—2022
加拿大不列颠哥伦比亚大学	2017—2022

第六节 加强信息交流 共享区域成功经验

亚太森林组织自成立以来，通过网站、出版物、多媒体等形式，宣传推广亚太地区经济体在森林可持续管理领域的管理良策、最佳实践和经验模式，受到国际社会和区域经济体的广泛欢迎。

一、建立亚太森林组织网站

为更好地宣传亚太森林组织发展理念，更快捷、全面的展示项目活动的进展和成效，2009 年亚太森林组织网站（www.apfnet.cn）正式开通（图 3-48）。随后在 2012 年和 2017 年进了两次改版，不断优化栏目设置，提升网页内容的丰富度，信息展示形式的多样化及浏览的舒适感。

图 3–48　亚太森林组织网站

二、发行出版物

出版物是亚太森林组织宣传推广亚太地区森林可持续管理模式和实践的又一个重要桥梁，同时也是分享亚太森林组织活动开展成果的媒介。亚太森林组织成立十年来，先后编辑出版专题研究报告、项目成果文件、年报等出版物50多本，展现了亚太森林组织在区域林业发展方向上的探索和实践（图 3-49）。

图 3–49　亚太森林组织主要出版物

三、参与国际交流，展示活动成果

为加强与国际社会的交流，亚太森林组织积极参与重大国际活动，展示活动开展成效，分享项目经验。亚太森林组织逐步得到国际社会的认知和认可，影响力和知名度不断提升（图 3-50）。

2011 年北京第二届亚太林业周

2015 年南非世界林业大会

2013 年秘鲁 APEC 林业部长级会议

2016 年菲律宾第 26 届亚太林业周

2014 年美国第 24 届 IUFRO 世界大会

2017 国际林联 125 周年庆祝大会

图 3-50　亚太森林组织参与全球林业重大活动情况

第四章
中国政府对亚太森林组织发展的贡献

中国是亚太森林组织的发起方和筹建方，初期承担亚太森林组织的运行，并为亚太森林组织活动开展提供主要资金支持。

一、中国政府倡议并积极推动建立亚太森林组织

在国际社会广泛关注气候变化问题的大背景，政府部门、国际机构、私营部门、民间社团、社会大众等纷纷寻求应对之策。亚太地区森林资源丰富，进行森林恢复和可持续管理，不仅有利于促进区域内林产工业的发展，消除林区贫困，而且有助于减少碳排放，增加森林碳汇，减缓和应对全球气候变暖。中国政府明确提出，发展林业是应对气候变化的战略选择。为此，2007年9月，中国携手美国与澳大利亚在APEC第15次领导人非正式会议上倡议建立亚太森林组织，通过实施示范项目、能力建设、政策对话和信息共享，致力于在该区域内推动森林可持续管理，减缓气候变化。

在中国政府的积极协调和推动下，历经一年多的磋商，于2008年9月达成了《框架文件》，明确了亚太森林组织的性质、宗旨、目标、未来重点活动领域、运行机制、资金机制等重大事项，为亚太森林组织的发展构建了良好的发展蓝图和愿景。中国国家领导人先后多次在国际场合承诺，中国政府将积极支持亚太森林组织的发展，并呼吁有关各方关注和支持亚太森林组织的运行和发展，积极参与亚太森林组织活动的开展。

历届 APEC 会议上中国领导人关于支持亚太森林组织发展的承诺

第 15 次 APEC 领导人非正式会议（2007 年，澳大利亚悉尼）

我提议建立亚太森林组织，搭建亚太地区各成员就森林恢复和管理开展经验交流、政策对话、人员培训等活动的平台，共同促进亚太地区森林恢复和增长，增加碳汇，减缓气候变化。我们欢迎亚太地区各成员积极参与这一活动。

第 16 次 APEC 领导人非正式会议（2008 年，秘鲁利马）

森林保护是应对气候变化合作的重要内容。2007 年，我提出了建立亚太森林组织的倡议。在各方共同努力下，这一组织已在北京正式启动。中国政府将在未来几年内为该组织运行提供一定的专项资金，希望各方积极支持和参与。

第 17 次 APEC 领导人非正式会议（2009 年，新加坡）

希望各方继续支持和参与 2008 年成立的亚太森林组织各项活动，共同为本地区增加碳汇、减缓气候变化献计出力。

第 18 次 APEC 领导人非正式会议（2010 年，日本横滨）

中方倡议召开首届 APEC 林业部长级会议，进一步推动亚太区域林业合作。

第 19 次 APEC 领导人非正式会议（2011 年，美国檀香山）

我们应该以首届 APEC 林业部长级会议为契机，加强亚太地区森林可持续恢复和管理，应对气候变化，为绿色和可持续增长做出贡献。

第 20 次 APEC 领导人非正式会议（2012 年，俄罗斯海参崴）

中国一贯高度重视 APEC 作用，积极参与各层次各领域合作。10 多年来，中国主办了包括第五届 APEC 人力资源开发部长级会议、首届 APEC 林业部长级会议在内的数百场会议和活动，先后牵头 APEC 电信、矿业、农业科技等领域合作，在财经、港口、林业、人力资源、海洋等领域成立了专门合作机制，出资设立了“中国 APEC 科技产业合作基金”和“中国 APEC 合作基金”，并向 APEC 项目基金捐款，为促进 APEC 发展做出了积极贡献。

首届 APEC 林业部长级会议（2011 年，中国北京）

中国将继续通过亚太森林组织，为 APEC 发展中成员提供力所能及的支持。

二、中国政府为亚太森林组织运行提供人员和技术支撑

按照《框架文件》，在亚太森林组织的筹建阶段，秘书处由中方承担，并由中国政府指派一位司局级（或更高级别）的官员主持日常工作。亚太森林组织秘书处于2011年9月正式运行。此外，中国林业科学研究院、北京林业大学、南京林业大学、西南林业大学、内蒙古农业大学、云南省林科院等林业科研院校，为亚太森林组织活动开展提供强有力的专业技术支撑。

三、中国政府为亚太森林组织业务活动开展提供主要资金支持

为保障亚太森林组织成功启动、有效运行和健康发展，中国政府承诺为亚太森林组织提供必要的资金支持。从2008年起，中国政府连续为亚太森林组织提供专项资金，从最初的每年150万美元逐步增加至每年600万美元。从2014年起，中国政府又向亚太森林组织新增无偿捐款，从每年10万美元增加到每年300万美元。此外，中国企业支持亚太森林组织建立专项基金，并积极捐款。截至2017年，中国政府已为亚太森林组织提供约4000多万美元的资金支持，为亚太森林组织业务活动的开展提供了最大的资金保障。

四、中国政府为亚太森林组织在华运行提供便利

为保障亚太森林组织的有序运行，中国政府成立了由外交、财政、人事、林业、科技等部门组成的部际协调机制，协调解决亚太森林组织发展面临的困难和问题。中国政府为亚太森林组织秘书处无偿提供办公场所。为便于亚太森林组织业务活动的开展，中国政府给予亚太森林组织在华法律地位和免税资格，对业务资金国际往来、秘书处职员出入境等给予便利待遇。

第五章

亚太地区主要涉林国际组织业务重点分析

亚太地区森林资源丰富，诸多知名的涉林国际或区域组织均活跃在此区域。亚太森林组织作为一个致力于推动区域森林恢复与可持续管理的机构，不与其他机构竞争，更不会重复别的组织的活动，而是在分析各机构特点和优势的基础上，确定自己的独特领域和活动，针对区域内经济体林业发展的实际需求，搭建各种机制和平台，积极寻求与各机构的合作，共同推动区域森林的恢复与可持续管理。为此，本章对区域内主要涉林国际组织的业务进行分析，明确各机构的特点和重点，为亚太森林组织制定其发展战略提供参考和借鉴。

一、联合国粮农组织

联合国粮农组织（The Food and Agriculture Organization，简称 FAO）是联合国的主要专业机构之一，致力于全球粮食和农业发展问题的国际组织。总部设在意大利罗马，在亚太、西非、东非和拉美设有区域办事处、欧洲设有区域代表，并在联合国纽约总部和华盛顿特区设有联络处。目前，FAO 拥有超过 194 个成员，在全球 130 多个经济体开展工作。

FAO 以“提高各成员国人民的营养和生活水平，改进农业、林业、渔业产品的生产和分配效率，改善农村人口的生活状况，为世界经济发展做贡献”为宗旨，主要职能是：“提高营养水平，提高农业生产率，改善乡村人口的生活和促进世界经济发展”。下设农业及消费者保护、经济及社会发展、渔业及水产养殖、林业、技术合作等专业委员会和工作机构。

促进全球森林的可持续管理是FAO的战略目标之一，森林资源在促进农业粮食生产方面上具有不可替代的重要生态防护功能，良好的森林管理可极大地提高粮食产量。FAO强调农业和林业之间的协调发展，以促进农业生产系统和森林资源的可持续管理，满足林区农村人口对经济发展的需求，实现社会、经济发展与环境保护、资源利用的相互协调。

联合国粮农组织林业委员会（The Committee on Forestry，简称FAO-COF）作为FAO下属的专业委员会之一，具体业务工作由FAO林业司（Forestry Department）负责。FAO-COF核心活动涉及森林管理、林产品服务、森林和环境、人与森林、政策和法规、跨专业领域等方面的内容（表4-1），主要是通过提供技术援助和咨询服务，帮助各国制定和改善国家森林计划，规划和实施森林活动，执行有效的森林立法，改善森林管理。

FAO是森林资源领域的全球信息交换中心，是帮助各国提高自主编制国家森林数据能力的促进

表4-1 FAO林业委员会工作重点

核心领域	具体内容
森林管理	面向可持续性 林火管理 干旱地区林业 森林健康 示范林 人工林 红树林 遗传资源
林产品服务	森林食用昆虫 木质能源 采伐与工业 许可证 非木质林产品
森林和环境	生物技术 气候变化 外来物种管理 森林与水
人与森林	森林和脱贫 冲突管理 性别 小型企业 森林产权
政策和法规	国家森林计划基金 宣传与推广 跨部门联系 研究和教育 森林财政 评估和监测 林产品 全球森林资源评估 国家森林监测与评估 前景研究
跨专业领域	生物安全 生物技术 沿海综合管理 山区／集水区 中小岛国发展
其他活动	森林与林场基金 森林合作伙伴关系 联合国森林论坛 山区伙伴关系 10亿棵树活动 全球森林信息服务 世界林业大会

者。FAO与其成员国合作，定期开展全球森林资源评估，并通过报告、出版物和官方网站等形式，定期发布《全球森林资源评估》，提供全面可靠的森林资源信息，为各经济体制定完善的林业政策提供重要数据支撑。

FAO亚太区域办事处设在泰国曼谷，业务覆盖亚洲和太平洋地区的46个经济体，以提高农业生产率和减少贫困为目标，在保护该区域自然资源的前提下，确保亚洲及太平洋区域的粮食安全。在亚太地区人口不断增长，土地资源、水资源、渔业及森林资源压力日增的形势下，FAO亚太区域办事处积极推动参与式森林及生物多样性保护，促进公正、有效、可持续的自然资源管理与利用，力求将自然资源退化降低至可持续的水平，同时提高资源生产力，保护遗传资源。

二、国际热带木材组织

国际热带木材组织（International Tropic Timber Organization，简称ITTO），在联合国的资助下于1986年成立，总部设在日本横滨，是一个促进热带林保护、利用和可持续管理，以及热带林产品贸易的政府间国际组织。现有成员国73个，根据热带森林资源拥有量和木材贸易量的状况，ITTO成员国分为生产国和消费国两大类，生产国成员35个，消费国成员38个。中国是热带木材净进口国，被划为消费国成员。ITTO成员国热带林面积占全球热带林总面积的80%，成员国热带木材贸易量占全球热带木材贸易总量的90%。

ITTO的最高权力机构是ITTO理事会。理事会下设造林和森林经营委员会、森工委员会、经济信息和市场情报委员会、财务和行政委员会。ITTO自成立以来，通过一系列项目活动，在保护、利用热带林资源，鼓励森林可持续管理，增进市场透明度等方面做了很多有益的工作，同时也扩大了自身的知名度和影响力，其资金主要用于造林和森林经营、森工、市场信息和情报三个方面。

ITTO主要在热带木材生产国和消费国之间协调政策制定和项目发展之间关系，鼓励民间社会组织参与到政策制定和项目实施工作中；通过国际协商制定促进森林保护和森林可持续管理，同时协助热带成员国将这些政策落实到具体项目中。此外，收集、分析热带木材的生产和贸易数据，为项目实施和其他行动的开展提供信息支持。主要涉及以下方面：

（1）2000年目标：通过提高政府、工业界和社区管理森林的能力并增加林产品的价值，同时还要维持和增加贸易与国际市场准入的透明度。ITTO成员国共同制定“2000年目标”，承诺在21世纪末实现源于可持续管理森林的热带木材的国际贸易，这一目标至今仍是ITTO努力的重要目标。

（2）热带林保护与可持续管理：由于热带林的破坏，其提供产品和服务的能力明显降低。ITTO协助生产国成员保护和管理热带林，恢复退化的天然林，建立更加多产的人工林，从整体规划、社会林业管理、防火管理、红树林生态系统、生物多样性和跨界保护等方面推动热带林的可持续管理。

（3）提高热带木材国际市场的透明度：ITTO经济信息、市场情报及行动计划关注如何从生产者和消费者中改善热带木材的流动，协助成员国了解和发展热带木材和其他热带森林商品的服务市场，协助成员国打击非法采伐和非法贸易，内容包括木材贸易和市场信息、森林认证、生态系统服务、森林执法、热带木材和非木材产品销售等。

（4）发展热带林业产业：协助成员国在基于可持续发展的森林管理中开发高效、增值的林业产业，以增加就业和出口创汇，包括增加热带木材的价值、减少乱砍滥伐、提高加工和利用率、扩大市场等。

（5）能力建设：帮助提高政府部门、非政府组织、私营部门在可持续森林管理方面的能力，雇佣专业人员协助提高当地林业管理机构、科研机构和教育机构的能力，同时在区域、国家、社区层面开展培训活动和奖学金项目等，加强能力建设。

三、国际林业研究中心

国际林业研究中心（The Center for International Forestry Research，简称CIFOR）是国际农业研究顾问小组（CGIAR）直属的16个国际农业研究中心之一，是一个致力于遏制环境恶化、改善人类福祉的非营利性的国际研究机构。总部设在印度尼西亚茂物（Bogor），在肯尼亚的内罗毕、喀麦隆的雅温得和秘鲁的利马设有区域办公室。

CIFOR与政府林业研究机构、大学、非政府组织、国际林业及农业研究机构和其他国际发展组织和机构紧密合作，采用全球性的视野和多学科的方法，围绕天然林、退化林地和非工业性用材林，在全球50多个经济体开展不同类型的森林资源及其景观管理的合作研究，为林区、农村贫困人口、小型企业等提供支撑性的服务。CIFOR的重点研究领域涵盖森林与气候变化、森林政策、森林与社会性别、森林与生计、森林恢复与管理、粮食安全与生物多样性、林产品贸易以及可持续景观等方面，重点关注如下方面：

（1）价值链和资金投入：支持和实现可持续发展的战略规划与治理措施，探索包容性的商业模式，提高利益共享；提高资金投入，提升小规模的农业系统。

（2）森林恢复与管理：研究解决发展中经济体农村人口公平地获取森林资源和管理森林资源，提高林业生产力的同时保障其合法权益。

CIFOR制定了六个专题的研究战略，在推动国际林业政策对话、普及林业科研成果、鼓励森林政策改革、发展森林可持续管理标准和指标、改善林区贫困人口生活质量、推动生物多样性保护等方面贡献突出。

（1）森林与人类福祉：提供决策支撑，提高森林产品和服务对人类的幸福和繁荣的贡献，减少贫困。

（2）可持续景观和食品：支持森林和林木为基础的农业系统生产健康和多样化的食品。

（3）平等机会、社会性别、正当权益：评估森林权属对森林保护与管理成效、生计发展和地方治理的影响，同时谋求促进两性平等和赋予妇女和儿童权益。

（4）气候变化，能源和低碳发展：研究气候变化与森林景观的相互作用，气候变化的社会影响，决策过程中农村土地使用者的利益体现。

（5）价值链和投融资：支持可持续发展的各种治理布局，探索包容性的商业模式，提高利益共享；加大资金投入，提升小规模的农业系统。

（6）森林恢复与管理：研究解决发展中经济体的农民如何获得森林资源、如何更公平地管理森林资源，从森林资源管理中提高森林的生产能力。

四、国际林业研究组织联盟

国际林业研究组织联盟（International Union of Forest Research Organizations，简称IUFRO），1892年8月创建于德国埃玻尔思沃德，总部和秘书处设在奥地利维也纳。IUFRO 对所有从事林业、林产品及相关学科研究的个人和组织开放，相关利益群体包括研究机构、大学、科学家、非政府组织、政策决策者、私有林场主和其他依赖森林生存的群体。

IUFRO 联合全球 110 多个经济体近 700 个成员单位的 1.5 万多名科学家，在自愿基础上开展合作研究与交流。其宗旨是加强与所有从事森林和树木等相关科学研究的协调和合作，实现全球森林资源的可持续管理，提升经济、环境和社会效益为目的，确保关乎人类福祉的全球森林健康。

IUFRO 作为世界范围内致力于林业及相关科学研究的国际性组织，主要通过组织各种交流活动来实现其宗旨。活动主要包括研究、交流和传播科学知识；提供林业相关信息的获取渠道以及协助科学家和机构提升其科研能力；提升发展中经济体开展林业基础和应用研究，对科学制定林业政策提供支撑。

IUFOR 促进各国科学家交流，创造与维持成员国之间的联系，鼓励研究项目和合作项目的实施；促进研究成果的推广与应用；定期研讨理论与技术创新；促进科学、技术、文化领域的相关机构之间的合作；通过荣誉与奖励方式肯定科学家的贡献；支持发展中经济体开展林业研究，提高科研能力。

IUFOR 设森林培育、生理学和遗传、森林工程与管理、森林评估、建模与管理、林产品、森林和林业社会问题、森林健康、森林环境、林业经济与政策等 9 个研究部，每个研究部设若干学科组、每个学科组设若干工作组。IUFOR 各研究部的主要作用是支持研究者相互之间开展合作，为学科组与工作组之间、学科组和 IUFOR 执行委员会之间架起沟通的桥梁。自 2015 年 4 月起，IUFRO 特设 10 个工作组，重点研究：

（1）生物多样性对森林生态系统服务功能的贡献；

（2）可持续人工造林与绿色未来；

（3）可持续森林生物量网络；

（4）全球气候变化下的森林适应和恢复；

（5）气候变化和森林健康；

（6）森林和生物入侵；

（7）森林、土壤和水的相互作用；

（8）未来的资源：森林使用的转变；

（9）森林管理部门规划的远见、预见；

（10）林业教育以及项目、计划和倡议。

五、亚洲林业合作组织

亚洲林业合作组织（Asian Forest Cooperation Organization，简称AFoCO），是由韩国在2009年6月召开的东盟-韩国纪念峰会上提出，与东盟10个成员国共同成立的林业交流、合作与发展的区域性国际组织，宗旨是防止毁林和应对全球气候变化。2011年11月在巴厘岛召开的东盟—韩国会议上，韩国与东盟成员国签署了“东盟和韩国森林合作协议”，AFoCO正式成立，秘书处设在韩国首尔。

AFoCO旨在加强与东盟（ASEAN）开展区域性的林业合作，通过实施退化林地恢复、防止森林乱砍滥伐和森林退化的项目活动，把林业政策和成功的林业科学技术与实践经验转化为行动，随着区域性合作的不断延伸，将森林资源的可持续管理以及应对气候变化的贡献扩大至更广泛的范围，AFoCO的合作地域范围已由东盟10国扩大到整个亚洲。

AFoCO除支持东盟十个成员国开展森林恢复和可持续管理的研究与试验示范、能力建设活动外，针对东盟区域重点开展了区域性的林业多边合作与交流项目。

（1）区域性的林业多边合作与交流项目

AFoCO针对东盟十国开展的区域标志性项目为“东南亚退化林恢复促进亚洲增绿模式：森林恢复和可持续林业能力建设项目”，该项目是在“东盟和韩国森林合作协议”框架下，AFoCO与东盟成员实施的长期项目。项目活动包括区域退化森林恢复示范、林业教育、培训和学术交流；提高公众对森林保护、恢复和可持续管理公众意识。此外，AFoCO重点支持东盟成员开展如下多边交流与合作：

- 湄公河流域经济体（柬埔寨、老挝、缅甸、泰国和越南）的“退耕还林与退化林生态系统恢复”项目；
- 文莱、柬埔寨、印度尼西亚、老挝、缅甸、菲律宾的“加强森林资源评估和社区参与应对气候变化影响的能力建设”项目；
- 菲律宾、印度尼西亚和泰国的“促进地理信息系统和遥感技术在参与社区森林管理规划中的应用”；
- 越南和泰国的“发展高价值作物品种，促进可持续森林管理与社区生计发展机制”；

- 马来西亚和泰国的“受干扰陆地生态系统中乡土和濒危物种的驯化”。

（2）区域教育培训中心（AFoCO-RETC）

为加强东盟各成员林业部门在评估、管理和科研方面的能力，AFoCO在缅甸林业局下属的种子与种苗中心成立了区域教育培训中心（AFoCO-RETC），针对东盟成员国林业官员提供林业教育短、中、长期培训和社区林业发展课程，分享森林可持续管理的成功经验与先进技术和技能，并以此加强各成员国间的合作关系。

六、亚太社区林业培训中心

亚太社区林业培训中心（Regional Community Forestry Training Center for Asia and the Pacific，简称 RECOFTC），1987 年成立，设在泰国曼谷的泰国农业大学（Kasetsart University）的国际培训机构，致力于亚太地区可持续森林景观管理过程中社区权益、森林治理能力和社区公平权益的改善。在柬埔寨、印度尼西亚、老挝、缅甸、尼泊尔、泰国、越南和中国设有联络办事处。

RECOFTC 主要通过开展社区林业培训与交流活动，提高社区组织和林农的社区林业可持续管理能力。在过去 20 年里向 20 多个经济体的林业政策制定者、研究者和森林管理人员开展了培训活动。同时，针对社区实际需求，为林农提供社区林业发展的实用技术、技能和知识培训，组织现场考察、交流，学习和分享相互经验。

RECOFTC 强调以“人与森林”为中心，支持和倡导亚太地区的农村社区积极参与森林管理，确保社会、经济和环境效益的最大化；重视当地社区传统森林保护管理的知识、技能和经验，确保当地社区居民从森林资源管理中得到公平的收益，进而帮助数百万计的贫困人口摆脱困境。

RECOFTC 主要通过以下五方面的能力建设活动来挖掘和发挥社区林业的潜力。

（1）社区林业管理：提升地方政府、非政府组织和私营企业的人员的能力，加强企业与社区居民之间的合作，开展政策对话，帮助社区成员公平地参与到生计和企业化发展中，探索双赢关系，减少目前阻碍社区和企业以可持续方式利用资源的障碍，通过市场手段获取社会、经济效益。

（2）改善农村生计：积极与地方政府、非政府组织和企业合作，培训从事社区森林管理的工作人员，通过社区林业发展加强针对贫困人口的生计发展，并将其作为降低农村贫困发生率的重要手段，以推进社区居民共同参与发展，从中受益。

（3）应对气候变化：动员和激励当地森林管理人员，通过改善食物、收入和资源多元化获取渠道，帮助当地社区的发展生计和提供环境服务，为减缓气候变化做出努力。

（4）森林冲突管理：分析区域内的争端、政策、林业项目和监管框架，了解森林冲突的原因、影响和解决办法，倡导参与式资源管理，提高社区居民和利益相关方的认识，防止森林冲突。

（5）社会包容和性别平等：妇女赋权是森林可持续管理的关键，解决妇女在林业中的角色和需求，是加强森林保护和可持续管理，提高农村生计的核心，RECOFTC 在其政策和规划中，将性别纳入主流化策略。

七、亚太林业研究机构协会

亚太林业研究机构协会（Asia-Pacific Association of Forestry Research Institutions，简称 APAFRI），1995 年成立，是一个独立的、具有可持续机制的非营利性区域林业机构协会，秘书处最初设立在 FAO 亚太办事处，后迁至马来西亚森林研究所，目前有 69 个成员。

APAFRI 2002 年与 IUFRO 签署了合作谅解备忘录，成为 IUFRO 的亚太地区分会，负责协调 IUFRO 在亚洲和太平洋地区的事务。APAFRI 的宗旨是加强亚太地区林业研究机构在研究和技术开发方面的能力，为亚太地区森林资源的有效保护和管理提供支撑。

APAFRI 与 FAO、IUFRO 等国际组织密切合作，促进亚太地区林业研究机构间的交流与合作，提升创新研究和开发能力。工作重点是：促进和协助亚太区域内的林业科学研究、文化发展和能力建设；促进该地区林业研究人员相互合作；提升地方、国家和区域层面上森林资源的可持续管理与利用水平。

八、大自然保护协会

大自然保护协会（The Nature Conservancy，简称 TNC）成立于 1951 年，

总部位于美国弗吉尼亚州阿灵顿市。TNC 是国际上最大的非营利性的自然环境保护组织之一，在全球设有 400 个办公室，合作伙伴遍布拉丁美洲、加勒比海以及亚太地区的 30 个经济体，共同管护着全球 4000 多万公顷的生物多样性热点地区。

TNC 成立以来，一直遵循“采取合作而非对抗的，应用科学的原理和方法指导所有的保护策略和行动”的原则，在全球开展保护工作，创建了“生态环境的系统保护方法”、“热点地区保护规划”等一系列科学方法，并应用于保护生态环境的实践当中。

TNC 注重实地保护，遵循以科学为基础的保护理念，通过保护动植物和自然群落赖以生存的陆地和水域，来实现对动物、植物和自然群落的保护；在全球围绕气候变化、淡水保护、海洋保护以及保护地四大保护领域，运用“自然保护系统工程”的方法甄选出优先保护区域，因地制宜地实行系统保护。

TNC 支持全球的自然保护工作，在亚洲和太平洋地区发挥着重要作用，目前在亚太地区致力于以下方面的合作：

一是致力于支持和帮助实现自然环境和人类发展之间的平衡，通过引入新的技术，为贫困的社区创造新的增加收入机会，减少经济发展和气候变化对生境造成的危害。

二是在地球上生物多样性最复杂的地区进行环境保护，从森林到海洋，政府及社区共同保护地球上最多样化的珊瑚礁，保护地球上为数不多的热带雨林，为当地及全人类造福。

三是帮助建立可可的公平交易体系，设计珊瑚三角区出海保护网，建立绿色家园。

九、欧洲森林研究所

欧洲森林研究所（European Forest Institute，简称 EFI）是由欧盟 28 个成员国批准建立的国际组织，总部设在芬兰的约恩苏，在奥地利、比利时、克罗地亚、法国、德国、西班牙和瑞典设有国家办公室，在马来西亚和中国设有项目办公室。目前，EFI 有 28 个经济体成员和来自 37 个经济体的 115 个机构会员。

EFI 致力于开展和促进跨学科和跨部门研究，在泛欧或区域一级处理与政策有关的问题，分析和介绍森林资源、产品和服务的信息；支持协调、加强和建立森林研究能力网络；提倡在森林部门内以及其他科学领域内进行森林研究，以扭转欧洲森林研究支离破碎的局面。

EFI 主要在森林相关问题上开展研究并提供政策支持，促进与森林和林业相关的网络信息、政策和有关资料的分享，同时倡导科学合理地研究是森林政策制定的基础。

EFI“欧盟森林执法、施政与贸易”基金（EU FLEGT Facility）和“欧盟减少毁林和森林碳排放”基金（EU REDD Facility）支持发展中经济体通过改善土地利用方式，努力减少和阻止非法森林采伐，消除贫困、实现自然资源可持续管理。重点支持东盟（ASEAN）成员对欧盟森林执法、施政与贸易（FLEGT）行动计划的实施，鼓励木材生产国、加工国以及向欧盟市场出口木材和木材制品的国家发展可持续林业经济。另外，FLEGT 行动计划的宗旨不仅是减少非法毁林，还包括促进良好的森林治理，以减少发展中经济体森林砍伐的影响。

十、世界自然基金会

世界自然基金会（World Wildlife Fund，简称 WWF）成立于 1961 年，总部设在瑞士，前身为世界野生生物基金会，是世界最大的、经验最丰富的非政府环境保护机构。其宗旨是：保存遗传基因、物种和生态系统的多样性；确保人类在现在和将来对可再生自然资源的可持续利用；推动减少污染，遏制地球环境、自然资源和能源的过度开发和消耗，创造人类与自然和谐相处的美好未来。

WWF 的主要任务是通过各种渠道筹集捐助资金，用于自然保护，重点是野生动物保护事业。包括 26 个经济体会员，6 个附属会员和 21 个项目办公室，在 96 个经济体开展项目合作，已成为世界上最大的自然环境保护组织之一。WWF 于 1996 年 9 月在北京正式设立了中国办事处，成为第一个应邀来华从事自然保护的非政府组织。

WWF 从过去拯救珍稀濒危物种和景观，发展到应对和解决威胁全球性环境与资源问题的挑战，围绕森林、海洋、淡水、野生动植物、粮食和气候六个关键领域开展工作，将所有的资源直接用于保护世界各地的脆弱地区、物种和社区。在森林资源保护与可持续管理领域主要集中在以下方面：

（1）资金

为加强森林保护和妥善管理需要保护的森林，减缓森林面积下降速度，WWF 建立了数百万美元的基金，用于培训森林管理官员，购买 GPS 监控设备，追踪濒危野生动物；支持减少森林砍伐和减少温室气体污染物（尤其是二氧化碳）的排放。

（2）政策

森林保护的有效政策和资金一样重要，WWF 通过帮助发展中经济体评估自然资源的价值和生态功能，如碳吸收能力、为濒危野生动物提供栖息地等，推动决策者以各种方式使用评估结果，将自然资源的可持续利用融入到国家规划和经济、农业、能源领域的政策制定中，以促进绿色经济的发展。

（3）停止非法和不可持续的采伐

WWF 致力于加强美国政府起诉非法木材案件的能力，严格执行野生动植物保护法，打击非法采伐木材的进出口贸易，开发和推广非木质燃料的农村能源项目。

（4）推动市场发展

通过全球森林和贸易网络，帮助企业从所经营管理的森林中获取产品认证，特别是森林管理委员会 (FSC) 的产品认证，同时鼓励和支持企业直接投资人工造林，同时增强企业对 FSC 认证的意愿和需求。

十一、世界自然保护联盟

世界自然保护联盟（International Union for Conservation of Nature，简称 IUCN）于 1948 年在法国枫丹白露成立，总部位于瑞士格朗。IUCN 是全球规模最大、历史最悠久的非营利自然保护组织，也是自然保护与可持续发展领域唯一作为联合国大会永久观察员的国际组织。目前，IUCN 共有来自 127 个经济体的 880 个成员，既有非政府成员又有政府成员，在全球范围内拥有 12000 多名专家。

IUCN 的宗旨是领导世界自然保护运动，并采取一致的行动来保护大自然的完整性和多样性，同时保证人类对自然资源合理的、永续的和公正的利用。世界保护大会是 IUCN 的最高决策机构，每 4 年召开一次例会。IUCN

下设 6 个专业委员会，即：物种生存委员会、国家公园和保护区委员会、环境法委员会、生态委员会、环境战略和计划委员会、教育和通讯委员会。

IUCN 考虑把人类利益和推动持续发展的前提下来保护自然与自然资源，专注评估和保护自然的价值，保证自然资源利用的有效和公平治理，在全世界范围支持科学研究、开展实地项目，将联合国机构、政府机构、NGO 和企业邀请到一起，应用基于自然的解决方案，制定政策法规，寻找最佳实践，应对气候变化、粮食短缺和可持续发展等全球挑战。

IUCN 致力于帮助全世界广泛关注最紧迫的环境和发展问题，寻找行之有效的以自然为本的解决方案，帮助全世界的科学家和社团保护自然资源的完整性和多样性，包括拯救濒危的动植物物种，建立国家公园和自然保护地，评估物种和生态系统的保护现状等，以确保所有自然资源的平衡使用和在生态学意义上的可持续性。IUCN 重点是保护生物多样性，以及保障生物资源利用的可持续性，为森林、湿地、海岸及海洋资源的保护与管理制定出策略方案。

十二、国际山地综合发展中心

国际山地综合发展中心（International Centre for Integrated Mountain Development，简称 ICIMOD），1983 年成立，总部设在尼泊尔首都加德满都，成员包括阿富汗、孟加拉国、不丹、中国、印度、缅甸、尼泊尔和巴基斯坦等 8 个经济体，是一个从事山地研究和知识共享的区域性政府间组织。

全球气候变化对脆弱的山地生态系统和山区林农的生计影响严重，兴都库什 - 喜马拉雅地区是世界上海拔最高的山区，也是经济最贫困、人口最密集和环境最脆弱的地区；印度河、恒河、雅鲁藏布江、伊洛瓦底江、怒江（萨尔温江）、澜沧江（湄公河）、长江和黄河等亚洲 8 大主要河流均发源于此。ICIMOD 作为喜马拉雅地区应用研究和发展的核心机构，通过支持区域跨界项目，为贫困和弱势群体寻求克服山地脆弱性方法，维持好山地生态系统的服务功能，提高林农的生活水平，为下游数十亿人的生存和未来发展做出贡献。

兴都库什 - 喜马拉雅地区以动、植物以及民族和语言的多样性而闻名，拥有不同的生态系统类型，有无数的栖息地和显著的生物多样性，但由于近年来生态系统遭到严重破坏，为全球最贫穷，人口最密集和环境最脆弱的地区，努力促进可持续发展和减少贫困是 ICIMOD 一直努力的目标。

ICIMOD 未来将继续与成员国的机构合作，共同推进区域内生态系统的研究，为更好地了解生物多样性、牧场、农场、森林、湿地、河流等的变化，倡导参与式的行动研究；提倡多学科的协同合作，共同监测环境变化，提高生态功能；与合作机构一起，为自然资源管理、生态系统服务创造更多具有经济价值的投资项目；执行生物多样性公约关于山区生物多样性保护的方案，加强生物多样性数据库的建立。

十三、亚太地区其他涉林的重要国际组织

除上述主要的涉林国际组织外，联合国开发计划署（UNDP）、联合国环境署（UNEP）、全球环境基金（GEF）、世界银行（WB）、亚洲开发银行（ADB）、国际竹藤组织（INBAR）、湿地国际（WI）、保护国际（CI）、亚洲森林网络（AFN）、南亚区域合作联盟林业中心（SAARC-FC）、国际农用林业中心（ICRAF）等机构和组织也积极致力于亚太地区减少森林砍伐、生物多样性保护、森林生态系统恢复和推行森林可持续管理并取得重大成就。

香港嘉道理农场暨植物园（KFBD）、香港乐施会（Oxfam Hong Kong）和许多地方性的非政府组织（NGOs）、基金会、协会等，在亚太地区森林资源的可持续管理、自然环境保护和提升区域经济、环境和社会效益协调发展方面发挥了积极的作用。

第六章

亚太地区林业发展需求分析

亚太地区是世界上最大的陆地和岛屿板块，拥有多种多样的森林生态系统、海岸带生态系统和海洋生态系统。亚太地区拥有全球53%的林地和80%的林产品贸易额，全球一半以上的贫困人口生活在该区域，森林资源成为区域经济、社会发展的重要物质基础。在过去40年中，亚太地区的自然资源日益恶化，森林被过度砍伐、森林退化、林分质量下降是亚太地区面临的主要问题，森林资源退化和过度砍伐已严重危及到全球经济和人类社会的可持续发展，森林可持续管理的实施面临严重挑战。

第一节　亚太地区当前林业形势

一、全球森林状况

森林在消除农村贫困、确保粮食安全和生计发展方面发挥着保障性的作用，提供了至关重要的生态系统服务功能，如空气和水的净化、保护生物多样性和减缓气候变化，对人类福祉有着巨大的贡献并产生着深远意义。森林所提供的林副产品和生态服务功能在可持续发展中发挥着重要作用，联合国《2030年发展议程》确定的可持续发展目标中，着重强调了森林在保护和恢复地球生态系统的作用及其生态服务功能在2015年后的发展议程的重要地位。

（一）全球森林面积依然呈下降趋势

世界森林面积比例最大的分布在高收入经济体，其次是中高收入、中低收入和低收入经济体，天然林和人工林的比例也是如此。自上世纪九十年代以来，随着人口的持续增长和对粮食、土地的需求增加，全球森林面积一直呈显下降的趋势。其中，1990–2015 年，全球森林面积占全球土地面积比例由 1990 年的 31.6% 减少到 2015 年的 30.6%；全球森林面积年均损失 760 万公顷，虽然人工造林面积年均增加 430 万公顷，但年均净减少的森林面积仍在 330 万公顷，森林面积的年净损失率为 0.13%。2010–2015 年，世界森林面积从 41.28 亿公顷减少到 39.99 亿公顷，森林面积净损失约 1.29 亿公顷，相当于南非的面积。

（二）森林面积损失率较过去大幅减少

尽管全球森林的面积持续保持下降趋势，但净森林损失率较过去减少了 50% 以上，由 1990 年的 0.18% 下降到 2015 年的 0.08%，表明全球森林管理取得了积极成效（表 6-1，表 6-2）。随着森林可持续管理（SFM）法律框架被广泛接受和应用，全球越来越多的林地被确定为永久性保护地，在强调生物多样性保护的同时，维护和满足人类对森林产品和生态服务日益增长的需求。

表 6–1　2010–2015 年森林面积损失严重的前十位经济体

序号	经济体	年森林损失	
		面积（万公顷）	百分比（%）
1	巴　西	98.4	0.2
2	印度尼西亚	68.4	0.7
3	缅　甸	54.6	1.8
4	尼日利亚	41.0	5.0
5	坦桑尼亚	37.2	0.8
6	巴拉圭	32.5	2.0
7	津巴布韦	31.2	2.1
8	刚果民主共和国	31.1	0.2
9	阿根廷	29.7	1.1
10	玻利维亚	28.9	0.5

数据来源：FAO，FRA 2015

表 6-2 全球森林面积变化情况（1990–2015）

时间	森林面积（亿公顷）	消长变化情况		
		年度	面积（百万公顷）	百分比（%）
1990	41.3			
2000	40.6	1990–2000	7.3	–0.18
2005	40.3	2000–2005	4.6	–0.11
2010	40.2	2005–2010	3.4	–0.08
2015	40.0	2010–2015	3.3	–0.08

数据来源：FAO，FRA 2015

（三）相当一部分经济体的森林面积有所增长

从全球来看，许多经济体森林面积保持稳定。2010–2015 年，全球约有 80 个经济体的森林面积有所增长或保持稳定，包括世界上森林面积最大的俄罗斯、美国、中国和印度等经济体；欧洲有 27 个经济体的森林面积有所增长，如西班牙、意大利、挪威、保加利亚和法国等经济体；亚洲除中国和印度的森林面积大幅增长外，还有越南、菲律宾及土耳其；拉丁美洲森林面积增长的经济体有乌拉圭、智利、古巴和哥斯达黎加等；在非洲以突尼斯、摩洛哥和卢旺达等经济体的森林面积增长最多。2010–2015 年森林面积增长最多的前十位经济体见表 6-3。

表 6-3 2010–2015 年森林面积增长最多的前十位经济体

序号	经济体	年森林损失	
		面积（万公顷）	百分比（%）
1	中 国	154.2	0.8
2	澳大利亚	30.8	0.2
3	智 利	30.1	1.8
4	美 国	27.5	0.1
5	菲律宾	24.0	3.3
6	加 蓬	20.0	0.9
7	老 挝	18.9	1.0
8	印 度	17.8	0.3
9	越 南	12.9	0.9
10	法 国	11.3	0.7

数据来源：FAO，FRA 2015

（四）森林与林业发展动态

- 全球大部分森林为天然林，天然森林面积占全球森林面积的 93%，约 37 亿公顷（FAO，2015）。2010–2015 年，年均森林净损失减少 1060 万公顷，天然林面积年均减少 650 万公顷。
- 热带和亚热带地区人均森林面积减少幅度最大。全球森林面积损失最大的区域在热带地区，特别是在南美洲和非洲，人均森林面积从 1990 年的 0.8 公顷减少到 2015 年的 0.6 公顷，主要原因是由于人口的不断增加，导致林地转化为农业和其他用途土地。
- 全球人工林面积增加超过 1.5 亿公顷。1990–2000 年平均年增加 360 万公顷，2000–2005 年达到每年增加 590 万公顷的高峰值；由于欧洲、北美、东亚、南亚和东南亚的造林面积减少，在 2010–2015 年间每年减少到 330 万公顷。
- 全球木材消耗略有增加，1990–2011 年薪柴消耗量仍然很大，特别是低收入经济体。2011 年全球木材贸易达 30 亿立方米，其中 49% 为薪柴。
- 2015 年，全球约 31% 的森林被确定为生产性的商用林，较 1990 年减少 1340 万公顷。全球约 28% 森林面积被指定为多用途林地，以提供广泛的林副产品和生态服务，较 1990 年减少 3750 万公顷。

二、亚太地区林业形势

亚洲和太平洋地区是世界上最大的陆地和岛屿板块，拥有多种多样的陆地森林生态系统、海岸带生态系统和海洋生态系统。该区域囊括了西伯利亚广阔的北方针叶林、东南亚潮湿的热带森林、南亚群山的亚热带森林以及阿拉伯半岛的杜松林等全球最丰富的森林生态系统类型。

过去 40 年，亚太地区的自然环境日趋恶化，森林砍伐与森林退化严重，导致区域性的森林面积持续下降（表 6-4）。亚太地区的森林面积仅占全球森林面积的 18.4%（2010 年），而人口约占全球人口的 55.1%。在热带和亚热带地区，大规模的商业化生产、农业生产及地方温饱型农业生产方式是森林面积减少的主要诱因，对林地转变的贡献率分别为 40% 和 33%，而其余 27% 的森林砍伐则归于城市发展、交通等基础设施扩大和采矿。另外，因森林砍

表 6-4　亚太地区森林面积变化

次区域	面积（百万公顷）				年度变化（万公顷）			全球人口比例(%)	全球森林比例(%)
	1990	2000	2005	2010	1990-2000	2000-2005	2005-2010		
东亚	209.2	226.8	241.8	254.6	176.17	300.53	200.69	22.6	6.3
南亚	78.2	78.1	79.8	80.3	-0.65	34.66	9.56	23.4	2.0
东南亚	247.3	223.0	219.5	214.1	-242.15	70.94	108.64	8.5	5.3
大洋洲	198.7	198.4	196.7	191.4	-3.62	-32.74	-107.21	0.5	4.7
亚太地区	733.4	726.3	737.9	740.4	-70.25	231.47	49.40	55.1	18.4
全球	4168.4	4085.2	4061.0	4033.1	-832.3	-484.1	-558.1	100.0	100.0

数据来源：FAO 2010b

伐、森林退化和农业生产所导致的温室气体排放量约占总量的 30%，亚太区域因森林砍伐和森林退化所产生的排放越来越受到全球性的关注与重视。

参考 FAO-RAP《亚太林业部门展望报告（APFSOS Ⅱ，2015)》，亚洲和太平洋地区林业状况与形势具体如下：

（一）世界上人均森林面积最少的地区

全世界一半以上的人口都居住在亚洲和太平洋地区，与全球其他地区一样，亚太地区的人口增长和发展也一直伴随着大范围的森林砍伐和林地变更。亚洲和太平洋地区是世界上人均森林面积最少的地区，人均森林面积仅为 0.2 公顷，且区域性的森林分布不均，部分经济体和次区域的人均森林面积远远低于区域的平均水平。例如，南亚地区的人口占世界人口的 23%，森林总面积仅占世界森林面积的 2%；人均森林面积仅为 0.05 公顷，森林资源承受着巨大的人口压力。

（二）森林砍伐和森林退化仍然是主要问题

从区域整体来看，亚太地区近年来的森林面积变化出现了积极的趋势。1990-2000 年，区域森林面积年均损失 70 多万公顷；2000-2005 年，森林面积出现净增长的趋势，森林面积每年增加 230 多万公顷。森林面积的增长，主要是得益于中国大规模人工植树造林，不丹、斐济、印度、菲律宾、斯里兰卡、泰国和越南等国的森林面积也出现净增长的态势。排除上述经济体森林面积净增长情况，东南亚及其他地区的森林砍伐率仍然很高。然而，2005-2010年，森林面积的净增长趋势放缓，每年不足50万公顷，其中，印度尼西亚和缅甸的森林损失较为严重，澳大利亚也呈现出大面积的森林减少。

森林退化、林分质量下降仍然是亚太地区面临的主要问题。从定义上看，林冠郁闭度降低但仍大于10%，虽仍然是森林，但森林退化的程度难于量化。此外，亚太地区许多经济体森林贮积量和林分质量呈下降趋势，人为因素引起的森林火灾、难以管控的森林砍伐仍然是导致多数经济体森林退化的主要原因。

（三）森林可持续管理的面临诸多的挑战

尽管森林可持续管理的倡议获得了广泛的支持，在具体的执行和实施过程中仍然面临着许多的挑战，如森林权属的不明确、薄弱的森林管理和治理机制、对木材和木材产品的高需求等所导致不可持续的过度森林采伐；农业、工业和城市化的发展对林地的侵占等对森林资源带来的过度压力，导致更为广泛的森林与林地退化；仅有极少数采用均衡方法的成功例子，能将各种森林管理目标与社会发展的需求目标综合起来，在不同目标之间建立明确的权衡。此外，随着洪水、滑坡和泥石流等灾难性的环境问题的产生，导致了一些较为激进的应对措施，如禁伐令虽减少了森林的砍伐率，但禁伐令也常常产生负面影响，减少了出口采伐的林木量。如果没有满足木材需求和有效的执法配套措施，通过禁止森林采伐来遏制森林砍伐和退化的收效甚微。

（四）人工林与种植园的林业潜力未得到挖掘

亚太地区人工林面积约占世界人工林面积的45%。除了少数几个经济体外，由于管理不善，人工林和种植园的林木生产力和利用率远远低于其潜力，特别是公共和集体经营管理的人工林和种植园的生产力低下。例如，2005年人工林的木材生产量为5.42亿立方米，2015年包括天然林原木生产在内的实际工业原木生产量仅约2.73亿立方米。

森林及林地外的农户庭院、种植园、混农林模式等农业植树造林活动，使更多的木材来自森林和林地以外的种植园，逐渐成为工业原料林和木质燃料补充的重要来源。例如，有的经济体与农户签订合同供应林产加工原料和纸浆原料，使橡胶和椰子等种植园中经济树种的发展也提供了大量的木材来源，减少了将天然林作为木材供应来源的依赖。

（五）对森林保护区、保护地有效管理的困扰与挑战

随着森林所提供的生态系统服务功能越来越重要，不少以商业、生产为目的天然林被划定为森林保护区或保护地。自2002年以来，亚太地区自然保护区面积一直较为稳定，其面积扩张已接近了潜在极限。由于外来侵扰活动和动、植物偷猎与盗窃行为仍是保护区和保护地管理面临的问题和挑战，人与野生动物的冲突仍然是许多经济体面临的主要问题之一，矿产开发和基础设施发展对亚太地区大部分保护区构成重大威胁。因而，加强保护区、保护地的有效管理仍然是维护生态系统服务和生物多样性保护必不可少的措施。

（六）林业政策虽不断修订和完善，但执行滞后

亚太地区大多数经济体不断修订和完善推动可持续森林管理的林业政策，以减少天然林的原木生产和强调森林提供生态系统服务作为大多数政策的主要目标，也更加重视和强调相关利益群体参与制定和执行林业政策。然而，政策执行还需不断加强，不同部门在执行过程中受到传统观念的制约，林业的治理能力仍然薄弱。

（七）林权制度和森林权属的争议与困惑

亚太地区多数发达经济体以私有体制占主导，而其他经济体（太平洋岛国除外）则以公有制占主导地位。相当一部分经济体的森林权属一直存在争议，尤其是政府从传统所有者手中获取的森林；有些经济体正在努力恢复土著居民和其他依赖森林的社区的传统权益，将森林或林地分配给家庭和个人，如尼泊尔的社区森林利用小组（FUGs）和印度的社区森林共管（JFM），成为推动地方社区积极参与森林管理与利用的典范。但这些努力和尝试在经济可行性、公平分配利益和可持续性等方面也面临着诸多挑战。

（八）木材和木制品的生产及消费方式的转变

随着亚太地区人口的增加、经济收入和教育水平的提升，在全球市场增长的带动下，家具、人造板、纸张和纸板产量快速和大幅增长，亚太地区已

成为全球人造板产量最高和家具出口量最大的区域。工业原木的生产供应在一些经济体保持相对的稳定，出于对森林资源枯竭或对环境保护的日益关注，传统、粗放森林采伐的木材生产出现了大幅下降。同时，随着木材进口量的增加和工业原木进口来源的变化，出口产品也逐渐转向高附加值产品。此外，薪柴仍然是许多发展中经济体的主要生活能源，亚太地区有超过四分之三的林木生产被用作燃料，随着收入的增加和更方便燃料的推广使用，将林木作为主要能源使用比例逐渐减少。

非木质林副产品在亚太地区的经济发展和社会福祉中发挥着重要作用，在满足依赖森林社区人民生活的需求、缓解贫困等方面贡献显著。然而，在不明确的权属制度和薄弱的管理体制背景下，对非木质林副产品需求的增加所导致的过度开发，依然是森林资源管理面临的重大挑战。

（九）与森林生态系统服务不相适应及生态补偿机制

森林在生物多样性保护、维护和改善流域生态功能、防治荒漠化和土地退化以及减缓和适应气候变化等方面提供了重要的生态系统服务（PES），持续森林砍伐和林地退化所造成的环境退化在应对全球气候变化方面面临着重要挑战。虽然森林管理和林业发展在应对气候变化和减灾防灾战略中越来越受到重视，但对不断下降的森林生态系统服务功能仍未给予足够的重视。为遏制毁林和退化加剧、减少碳排放的“减少森林砍伐和退化的排放（REDD）”的计划、鼓励社区植树造林以增强碳储量等生态系统服务的补偿机制仍处于初级阶段。

第二节　亚太地区林业发展的主要问题和未来需求

森林和树木因其不同的经济、社会、环境和文化价值在亚太地区的经济发展中发挥着重要作用，亚太地区森林总面积约占全球森林面积占 18.3%，但亚太地区各经济体森林和林木的覆盖度、生长量和生产力等状况以及森林资源可持续管理所需的投资水平都存在相当大的差异，地理位置、环境气候等因素的差异对森林在木材和非木材产品生产和各种生态系统服务等方面起着重要的影响。

在全球化加速发展的背景下，面对亚太地区的森林管理和林业发展的需求和未来挑战，林业及相关部门的发展将影响到区域性的可持续森林管理，进而影响到森林和林业对社会和经济发展，满足对木材和木材产品的需求、农村减贫和应对全球气候变化及新的环境危机的贡献。因此，更好地了解社会的变革背景和应对今后可能发生的变化，制定可供选择的应对方案，将决定区域性与全球性林业的发展进程。

亚太地区森林总面积约为7.4亿公顷（FAO，2010b），约占区域面积的26%，而亚太地区的耕地和农田约占土地面积的18%左右。亚太地区的森林分布在各次区域之间和各经济体之间存在相当大的差异；例如，在南亚次区域，可耕地几乎占土地总面积的50%，森林和永久牧场等其他用途土地面积非常低；东亚和大洋洲的牧场、草地却占有相当高的份额；就东南亚而言，林地是主要的土地利用类型，而草地和农地的比例则相对较低。

森林砍伐和森林退化仍然是大多数亚太地区经济体面临的主要问题，大多数经济体充分认识到森林退化的后果，制定相应的政策与措施来尝试恢复退化的林地，如实施天然林禁伐和大规模的人工林营造，在一定程度上有助于防止毁林和减缓林地退化，但难以从根本上遏制。随着全球经济的快速增长和对森林产品和服务的需求加剧，不断增长的需求和与之相配套的投资匮乏将严重影响到林业长期发展的可持续性。

一、南亚次区域

南亚次区域约占亚洲和太平洋地区土地面积的10.4%，人口占亚太地区总人口42%左右，从印度洋北部延伸到喜马拉雅山脉，是全球生态类型和生物多样性最多丰富的区域之一；主要涉及孟加拉国、不丹、印度、斯里兰卡、马尔代夫、尼泊尔、阿富汗、巴基斯坦等经济体。森林覆盖为亚太地区最少的区域，人均森林面积约0.05公顷，仅为亚太地区人均森林面积的四分之一，不到全球人均森林面积的十分之一。

南亚次区域人口密度高、人均土地和森林面积低，土地压力非常大，森林资源管理与利用的冲突仍然尖锐。南亚次区域正在经历重要的社会、经济和政治变化，将对包括森林在内的自然资源的使用产生重大影响，不断增长的人口压力将导致森林面临着严重的砍伐和随之而来的森林和土地退化等系列的环境问题。

（一）面临的主要问题

尽管森林的生态环境价值越来越被人们认知，有限的森林和土地面积与不断增长的人口压力，加之南亚次区域经济体在森林保护、恢复和管理方面的投入严重不足，成为南亚次区域森林砍伐和森林退化面临的主要问题。

南亚次区域与农业生产相关的森林砍伐速度虽然明显下降，但由于科学技术的进步与发展不平衡，经济发展对矿产、能源、基础设施等需求的加大仍将导致森林的持续砍伐与退化，环境问题虽然越来越受到重视，但生态环境服务的补偿机制仍难以开展。森林管理与林业发展政策虽不断加强，但管理制度和执行机制滞后，加之对森林产品和服务不断增长的需求，森林管理利用的冲突普遍存在。此外，对木材和林木产品的利用仍处于传统式的低效消耗，对进口的需求依赖增加。

（二）未来发展需求

南亚次区域近年来的森林面积在总体水平上趋于稳定，这主要得益于印度和不丹近年来所开展的人工植树、再造林和农田植树活动，其他经济体的森林面积仍呈现出继续下降的趋势。鉴于南亚次区域人口压力大、资源量有限和生态脆弱，加之贫穷和边缘化的人数比例高、贫困程度深，依赖森林的贫困人口比例非常高，林业发展对农村社区减贫与生计改善显得尤为重要。

南亚次区域林业发展的重点是通过改善自然资源基础和提高资源利用效率，需集中在加强林业机构的组织建设与能力建设，改善不合理的森林权属制度和利益分配机制；提升多元化的林业科研与技术研发，实施森林可持续利用的天然林采伐技术，提高能源和原材料的使用效率，以恢复和重建森林的资产基础和减少贫困和实现资源的可持续管理与发展。

二、东南亚次区域

东南亚次区域主要涉及老挝、柬埔寨、缅甸、泰国和越南、印度尼西亚、马来西亚、菲律宾，而东帝汶、新加坡和文莱因国土面积有限，其森林资源对该区域的影响有限。东南亚是世界上森林物种最丰富的区域，森林面积 2.14 亿公顷，占该区域土地面积的 49%，占亚太地区森林总面积的 29%（FAO，2010）。森林在亚太地区的社会、经济发展中发挥着核心作用，也对全球木材和林产品的生产、生物多样性保护、减缓气候变化、土地和水资源保护方面发挥重要作用。

在全球 25 个重要的生物多样性热点保护地区中，东南亚占 4 个，受威胁物种占全球濒危物种比例极高，森林物种及其多样性流失严重。过去二十多年来，东南亚次区域森林砍伐的比例持续增长，其中 2005-2010 年森林面积年均下降 0.5%，超过前五年的 0.3%(1990-2000 年森林面积年均下降 1%)。1990-2010 年，东南亚森林面积了 3300 万公顷。

随着对森林生态系统服务功能认识的不断提升，特别是 1992 年“里约地球峰会”之后，东南亚开始广泛建立以自然保护为目的的保护区，受保护的林地面积大大增加。1990-2010 年，东南亚以生态保护为目的保护区面积从原来的 630 万公顷提高到 4340 万公顷，较过去增加 20% 左右，占东南亚土地总面积的 10% 和森林面积的 20%（FAO，2010）。同时，区域内人工林、种植园面积逐渐扩大，越南和泰国森林覆盖面积出现净增长。

（一）面临的主要问题

东南亚次区域因人口的增长、工农业的发展和基础设施建设对森林的需求日益增加，森林砍伐和林地用途的转变成为东南亚森林面积减少和生物多样性流失的主要原因，森林砍伐导致的碳排放严重。森林面积的不断减少已威胁到区域的木材生产、流域保护、生物多样性保护、农村生计发展和全球碳平衡。

1990-2010 年，东南亚的森林总面积减少 4200 万公顷，相当于该区域土地面积的 8%。按目前森林面积减少的速度推测，森林覆盖率将从 2010 年 49% 的下降到 2020 年的 46%，森林损失将达 1600 万公顷，这一面积仅小于柬埔寨的国土面积。据估计，该区域有 13%~42% 的物种将在 2100 年消失，其中至少一半物种有可能在全球灭绝 (Sodhi et al.，2004)。

经济作物种植园的建立成为东南亚森林面积变化的主要驱动力，最重要的两种作物是橡胶和油棕。在湄公河流域，橡胶、腰果、椰子和甘蔗的种植是主导森林土地转变的主要因素，沿海地区因人工水产养殖和农业化的生产导致红树林锐减。

过去几十年，东南亚各经济体的林业政策重点已从天然林的木材采伐转向森林保护和多用途林种的管理，可持续森林管理与森林恢复、林产品附加值提升和森林保护成为了林业政策的主体，但由于林业部门人力资源不足，政府用于森林管理与保护的预算有限，森林管理与森林执法能力仍然薄弱，目标难以实现。

（二）未来发展需求

随着东南亚不断增长的人口和经济发展对土地利用、资源和环境服务的需求变化，将加大对森林和林地的压力。构建东南亚森林资源资产管理体系，提升生态系统服务、减少碳排放、促进流域管理、生物多样性保护和社会经济发展已迫在眉睫。保护与利用的有机结合是东南亚森林管理和林业发展的核心，但需要对林业的发展地位达成共识。

东南亚次区域在森林面积不断减少、天然林蓄积量下降、人工林资源不足、生物多样性流失严重情况下，要实现从森林覆盖净损失向森林覆盖净增长、从不可持续森林管理到可持续森林管理的过渡，不仅要改善不合理的林权制度，还需要注重林业人力资源的培养，加大技术和资金的投入，制定和建立有效的冲突管理和社区参与的激励机制，鼓励社区公众和相关利益群体积极参与森林治理，以促进区域性的森林执法和森林治理的改善。同时，加强打击非法采伐和贸易的区域国际合作，建立珍贵木材生产、碳汇、生态系统服务与流域保护、促进社区林业与生计发展的生态补偿机制，努力减轻因经济发展对森林资源的影响。

三、太平洋次区域

太平洋次区域按地理分布包括密克罗尼西亚、美拉尼西亚、波利尼西亚和大洋洲等地，主要涉及澳大利亚、新西兰、斐济、基里巴斯、巴布亚新几内亚、萨摩亚、所罗门群岛、汤加、图瓦卢、瓦努阿图等经济体。该区域面积约 8.7 亿万公顷，人口 3350 万人，仅占世界总人口的 0.5%，人口密度仅为 2.6 人 / 平方公里，为全球人口密度最低的区域。

该区域森林面积约占土地面积的 22%，天然林面积约 1.86 亿公顷，人工林面积超过 400 万公顷；其中，澳大利亚的森林面积占太平洋地区的 91%；

巴布亚新几内亚和新西兰约占8%。太平洋西南部美拉尼西亚岛国的森林覆盖极高，如斐济、巴布亚新几内亚、所罗门群岛和萨摩亚的森林覆盖率均超过50%。相对于亚太地区的其他区域，该区域人均森林面积超过5公顷，稀少的人口和极高的人均森林拥有量使太平洋次区域成为世界上森林资源最丰富的地区之一，但也有部分小岛屿经济体的森林面临着高密度的人口压力，如基里巴斯、汤加和图瓦卢。

太平洋地区拥有地球上极为丰富的生态系统和森林类型，涵盖了温带雨林、低谷雨林、山地雨林、萨瓦纳热带草原、灌丛、干旱林、干旱常绿林、高山森林、沼泽红树林、海岸森林和各类人工林。该区域人工林的木材产量占据主导地位，如新西兰几乎所有的木材都来自于人工林，澳大利亚和斐济的大部分原木也来自人工种植园，但巴布亚新几内亚和所罗门群岛砍伐的木材几乎都来自天然林。薪柴在所有太平洋岛国仍然是一个重要的能源来源，大部分农村人口仍依靠薪柴为主要生活能源。

林业是太平洋次区域一个极为重要的产业，木材出口对国内生产总值有重大贡献。新西兰、澳大利亚和斐济的林木加工出口占据了相当高的比例，巴布亚新几内亚、所罗门群岛的绝大部分出口产品为未加工的原木，澳大利亚和新西兰的出口产品多为加工木制品，包括胶合板和单板、半成品锯材、木浆、纸和纸板、纤维板和刨花板产品、家具等；斐济则通过原木出口禁令来鼓励红木、桃花心木等珍贵树种的锯材出口；萨摩亚、汤加和瓦努阿图的商品林已基本耗尽，林木的加工量很低。

（一）面临的主要问题

太平洋地区在过去的20多年来一直是森林面积流失严重的地区，2005-2010年期间的年均森林损失估计在108万公顷左右，大部分损失是由于澳大利亚发生严重干旱所导致林木的枯死。巴布亚新几内亚和所罗门群岛在过去20多年中也失去了相当数量的森林面积，而斐济、新西兰和萨摩亚森林面积出现了净增长，其余经济体的森林面积保持相对稳定。

太平洋次区域森林发展政策主要针对可持续森林管理的总体目标，重点关注自然保护、农村生计改善、毁林和森林退化、种植园发展、工业发展、流域管理、土地利用规划、气候变化和社区参与等方面的问题。在澳大利亚和新西兰，林业政策和发展方向较为明确、稳定和成熟，但在森林资源极为丰富的大多数岛屿经济体所面临的关键挑战是决策者和相关利益群体如何有效制定和执行这些政策，以确保所有的政策、规划、制度和投入与总体构想相一致和易于操作执行。

影响太平洋次区域森林和林业变化的最直接的因素还涉及人口结构、经济转型、社会观念和需求、环境变迁、科技进步和政治制度演变等方面的变化，所有这些因素都可能会给森林和林业带来各种影响和压力，迫使森林管理方式发生改变。因而，上述因素、潜在的变化和林业行业部门的应对方式都将决定未来太平洋林业的发展趋势。

（二）未来发展需求

太平洋次区域的天然林资源日趋枯竭，木材加工原料供给不足，对工业木制品进口的依赖增强。与此同时，持续的森林砍伐导致生物多样性流失严重，流域保护、海岸保护、森林游憩和碳汇等生态系统服务功能大幅度下降，保护现有资源和恢复重建自然资源基础对太平洋次区域森林管理与林业发展尤为重要。此外，依靠森林的有效管理与可持续利用来摆脱贫困和促进农村生计发展也是太平洋次区域所有发展中经济体面临的重大挑战。因此，完善森林政策、法律框架和制度，加强基层林业部门能力建设、提升林业技术人员的科学技术能力与水平、提高森林原材料和能源利用的效率是太平洋次区域未来林业发展的迫切需要。

四、东亚次区域

东亚次区域面积约 11.47 亿公顷，2006 年人口约 15.3 亿（世界银行，2008），主要涉及中国、日本、朝鲜、韩国和蒙古；该区域包含了多种多样的生态系统类型，从亚热带、温带和高山森林到沿海红树林以及草原和沙漠地带的干旱地带。东亚次区域森林面积约为 2.55 亿公顷，约占该区域土地面积的 22.5%；其中，中国的森林面积最大，占该区域森林面积的 81% 左右；其余的近 20% 的森林面积中，日本约占了一半，朝鲜、韩国和蒙古各占 3%~4%，但韩国与朝鲜的森林覆盖率超过 50%。

东亚次区域近 20 年来的森林面积明显增加，森林面积变化情况在整个亚太地区和全球范围内都极为显著。1990-2005 年，尽管蒙古和朝鲜的森林面积呈下降趋势，但东亚次区域的人均森林面积从0.15公顷增加到0.16公顷，这主要得益于中国大范围开展的人工造林项目，为区域森林面积的增加做出了巨大的贡献。日本和韩国则致力于全面改善森林质量，通过森林从数量到质量改善来提高森林的环境价值和社会价值。此外，次区域各经济体自然保护区和森林保护面积也不断在扩大，林业发展正朝着产业化生产供应链的末端产品发展。

（一）面临的主要问题

对东亚次区域而言，尽管对森林资源的环境服务功能的认识已大幅增加，并不断加大森林管理和提高森林质量的力度，但由于区域人口对森林资源日益增长的多样化需求，将对森林的压力加剧，森林的环境服务功能仍面临着如何协调和平衡经济、环境和社会价值的挑战。次区域各经济体正在积极发挥森林在减缓和适应气候变化方面的作用，出台鼓励加强植树造林活动政策和方案，为增加碳汇和实施气候适应性战略提供重要支撑。

在东亚次区域的低收入和发展中经济体中，广大农村贫穷社区仍然依靠林地和森林资源谋生，林业发展在农村社区减贫与生计发展方面面临着严重挑战；石漠化对中国和蒙古的森林恢复和农村生计发展构成严重威胁，特别是在极端干旱条件下，森林火灾、林木病虫害蔓延所造成的森林损害程度极为严重。

（二）未来发展需求

东亚经济体在经济发展上高度多样化，不同经济体之间的情况及其对森林的影响大不相同。对该区域的经济体而言，促进森林的可持续发展，充分发挥林业发展对于社区减贫与生计发展的作用，实现森林资源生态效益、经济效益和社会效益的相互协调是未来发展方向和需求。因而，制定和完善促进森林可持续发展的政策，加大区域林业发展的资金投入，改善社区土地林权制度和社区公众参与的激励机制，利用科技进步成果来促进区域性的森林治理将是该区域今后一段时期的重点策略。

五、中亚次区域

中亚次区域主要包括哈萨克斯坦、塔吉克斯坦、土库曼斯坦、乌兹别克斯坦和吉尔吉斯斯坦。该区域位于干旱及半干旱地区，土地多为草原和牧场，农地和林地所占比例小。中亚地区虽然森林面积占国土面积的比重很小，但属于全球生物多样性热点地区，是许多珍稀动植物的栖息地。中亚次区域森林退化严重，导致森林质量和生产力均呈下降趋势，木材资源不能自给自足，特别是哈萨克斯坦和乌兹别克斯坦，每年需要进口大量原木才能满足国内市场需求，目前各经济体已禁止商业采伐天然林和半天然林。

由于受前苏联集体林管理模式的影响，中亚各经济体绝大部分森林归政府所有，由经济体实行统一管理。森林管理主要是侧重于森林保护、野生动物保护和提供环境服务。森林对国民经济的直接贡献率低，但仍是农村居民生计和福祉的主要来源。

（一）面临的主要问题

尽管中亚五经济体经济和体制环境不同，各自都制定了林业和植物资源的保护、推广和使用的相关政策规划，但由于资金预算匮乏、科研与专业技术人员不足，林业行政机构的管理、监控、执法能力薄弱、管理效率低下，森林资源的管理与林业发展方面均面临着以下共同的问题。

(1)林地开放造成森林资源过度开发，增加森林资源保护的压力；

(2)林业法律框架和管辖范围不清，缺乏森林、土地权属安全和所有权意识，林业政策、法规执行不到位。

(3)森林和林地与其他土地用途界定不清，缺乏土地综合利用的规划。

(4)政府部门对森林恢复投资有限，林业专业技术人才缺乏。

(5)资源本底情况不清，森林资源统计方法自相矛盾，缺乏可靠的林业数据。

（二）未来发展需求

中亚次区域的林业发展需求集中在提高政府部门林业官员和技术人员制定林业政策、规划和森林执法与管理的能力与水平，严格禁止非法采伐和过度放牧，对牧场、森林和野生动物资源进行有效管理。森林管理重点放在保护水流域、防止水土流失、发挥森林游憩功能及保持动植物群落等方面。此外，加大对林业的投入和技术支撑力度，加强林业种子基因库建设、林业资源信息库建设、区域性跨境生态廊道和自然保护区建设，以促进跨境生物多样性保护；鼓励当地群众积极参与退化森林植被恢复的人工造林，发展林副产品深加工和木质能源消耗的替代技术。

六、拉美地区

拉美地区林业资源丰富，其中南美森林面积达 9.2 亿公顷，占美洲总面积的 50% 以上，约占世界森林面积的 23%。墨西哥、中美洲和加勒比地区各岛屿的森林面积合计约 7000 万公顷。

拉美地区的亚马逊流域是现今世界最大的、保存最完整的热带雨林，总面积 5.5 亿公顷；亚马逊热带雨林中的动植物资源极为丰富，品种之多是世界上独一无二的，仅植物种类就多达 8.6 ~ 9 万种，也是世界上脊椎动物和鸟类最丰富的地区，哺乳类动物、两栖类动物和爬行类动物既丰富又具地区特色。

（一）面临的主要问题

尽管拉美地区森林资源非常丰富，但森林资源也不断受到威胁，森林砍伐和森林退化是目前所面临的主要问题和挑战。不合理的农业开发、无序的金矿开采和非法采伐是森林退化的主要原因，导致生态系统服务功能降低、生物多样性流失严重。秘鲁约 900 万公顷原始森林遭到破坏，其中 550 万公顷严重退化或荒芜，约 15.3% 的国土面积受到退化的威胁。2000–2005 年，墨西哥森林砍伐面积高达 58 万公顷，森林砍伐和森林退化导致了森林生态系统服务功能的不断下降。墨西哥政府自 2007 年以来制定了强有力的措施保护热带雨林，过去 10 年森林面积减少速度超过了 50%。智利自 1990 年以来，除建立了超过 100 万公顷由松树和桉树等速生树种组成的人工林种植园，还增加了 150 万 ~200 万公顷的人工林，人工林的产出占林业行业的 98%。拉美地区人工种植园的发展大幅度减轻了对天然林的压力，但大面积速生树种为主的人工纯林的快速增长导致局部地区土壤干旱，成为令人关注的新问题，林业部门正在努力通过选择合适的造林树种来应对。

（二）未来发展需求

为了减少生态系统和森林面积的损失，拉美地区各经济体在国家层面的环境承诺和竞争力的框架内，通过提高森林的可持续管理、合理的土地转化与有效的农业生产实践等措施来减少环境污染、林地退化。未来将通过制定和实施发展战略，建立森林管理信息、评估和反馈的有效机制，加强技术支撑的能力建设；建立监测体系和执行规则，以确保机构对退化土地管理的监管；加强国际合作，支持退化林地恢复、生物多样性保护和气候变化方面达成的国际承诺；同时，在国际层面探索多边投资方案，以支持和发展退化土地恢复的实践与举措。

为保障森林使用者的权益，拉美地区致力于明确社区对土地和森林资源的所有权和使用权的划分，使森林的管理者、生产者能够从保护行动中获得正当收益。制定公共和私营部门有效提高和恢复退化天然林的激励措施，以提高公众遵守森林与环境保护法规的自觉性。为实现森林可持续管理，政府和林业部门鼓励乡土树种为主的人工造林和加强天然林、人工林种植园的可持续管理以及受保护物种的有效保护；加大对林业从业者的支持和扶持力度，重点保障中、小业主等和土著社区居民致力于森林保护、恢复和生态旅游旅的权益；强调城市树木、郊区森林公园、自然基础设施以及其他具有遗产和文化价值的林木的维护与保护；保护生物多样性，减少因森林火灾、森林害虫、入侵树种和气候变化等方面所到来的威胁，以促进和提升森林的生态环境服务功能。

第七章 亚太森林组织未来发展战略

战略规划是亚太森林组织发展的纲领性文件。2010 年底，亚太森林组织发布了第一个五年战略规划（2011–2015），通过能力建设、信息共享、政策对话和示范项目等一系列活动，为提升区域森林可持续管理水平和促进森林恢复做出了贡献。对第一个五年战略规划实施情况的全面评估表明，亚太森林组织在促进亚太地区林业发展中的作用已被普遍认可，在促进高层对话及提升社区生计方面潜力巨大。

经亚太森林组织第二次董事会会议审议通过，2016 年 6 月《亚太森林组织战略规划（2016–2020）》正式发布。

一、发展方向

顺应全球林业发展的总体趋势和亚太地区林业发展需求，亚太森林组织第二个五年战略规划重点突出退化林地恢复，与联合国可持续发展目标、悉尼林业目标等林业发展战略保持一致，致力于为区域乃全球的林业发展目标实现做出贡献。

第二个五年战略规划继续坚持政策对话、示范项目、能力建设、信息共享四大支柱，同时结合亚太森林组织近五年的发展实践，考虑到成员经济体的发展水平和发展需求，强调专注于森林恢复。

二、优先领域

一是退化林地恢复，增加森林面积。具体行动包括分析区域经济体毁林及林地退化的诱因；搭建平台，促进政策、管理、科技和信息的交流；支持经济体能力建设，帮助获取林业相关的融资渠道。

二是推动森林可持续管理，提升森林生态功能及森林生态系统安全。具体行动包括支持经济体开展综合流域管理；加强经济体生态安全意识；支持森林可持续管理知识和技术的传播，为区域政策对话搭建平台。

三是提高森林对社会经济发展和林区生计改善的贡献。具体行动包括支持经济体提高森林产品和服务的可持续供给能力，发展社区林业企业和市场，帮助建立企业社会责任。

三、重点区域

亚太森林组织确定大湄公河次区域、东南亚（不包括大湄公河次区域经济体）、南亚、大中亚、太平洋岛国、北美及拉丁美洲 7 个重点区域，根据区域特点及具体需求规划活动，确保项目实施效果。

四、重点活动

亚太森林组织未来通过重点领域的机制或网络建设，加强与区域经济体林业政府部门、科研院所、培训机构，以及区域涉林国际组织和 NGO 的合作，针对区域林业发展热点问题和各经济体的实际需求，开展能力建设项目，提高区域林业管理人员的水平，培养新一代务林人员；开展高层林业政策对话，协同区域林业发展；开展示范项目，推广森林恢复和可持续管理的成功模式；加强信息交流，共享区域内最佳经验和成果（表 7-1）。

表 7-1　亚太森林组织未来优先领域及重点活动

实施手段	活动
能力建设	●根据区域林业共性问题，确定主题，开展培训； ●针对年轻林业从业人员实施奖学金项目，提高专业水平； ●加强区域内林业院校的交流与合作，促进区域教育的协调发展。

实施手段	活动
示范项目	设计和实施森林恢复示范项目； 设计和实施森林可持续管理最佳实践项目； 设计和实施社区生计示范项目。
区域政策对话	支持 APEC 林业部长级会议和中亚林业部长级会议； 针对区域特点，举办高级别会议，研讨区域林业的重点问题； 开展政府与企业对话，探讨政府＋企业＋林农的发展模式。
宣传和信息共享	成立学习中心，交流区域森林可持续管理经验和最佳实践； 出版刊物，分享最佳实践、激励机制和管理模式； 组织高层交流和考察，提高森林可持续管理方面的政治参与度。
建立和完善专业机制	完善区域林业战略规划机制； 完善区域林业教育协调机制； 完善区域人力资源开发机制； 建立区域林业科技合作机制； 建立区域跨境野生动物保护机制。

参考文献

FAO. 亚太林业减贫专题简报 .2014.

方精云 , 郭兆迪 , 朴世龙，等 .1981–2000 年中国陆地植物碳汇的估算 . 中国科学 .2007. 37(6): 804-812.

国家林业局亚太森林网络管理中心 . 加强区域合作促进绿色增长 . 中国林业出版社，2012.

贾治邦 . 论森林在应对气候变化中的重大作用 . 2007.

荆珍 . 国际法视角下的全球森林治理探析［J］. 生态经济 2015.31(6): 159-165.

李维长 . 亚太地区一些国家的林业发展战略［J］. 世界林业研究 ,1988，2: 87-91.

卢燕华 . 与中国林业密切相关的国际组织［J］. 广西林业 ,2011，3:47.

吕琼芳 , 赵佳 . 论区域林业科技信息资源共享平台建设［J］. 浙江林业科技 ,2012，32(3):76-80.

彭方仁 . 有关林木遗传资源保护的国际组织活动简介 [J] . 南京林业大学学报 , 1995，19(3): 82-87.

王京歌 . 全球森林消失速度变缓［J］. 生态经济 , 2015，31(11): 1-5.

亚太森林恢复与可持续管理组织，亚太经济合作组织 2020 年悉尼林业目标进展评估综合报告 . 中国林业出版社 . 2015.

亚太森林组织战略规划（2011–2015）.

亚太森林组织战略规划（2016–2020）.

杨禹畴 . 从联合国粮农组织第十一届林委会看当前国际林业发展动态［J］.

世界林业研究 ,1993,4:89-91.

赵晓迪 , 陈绍志 , 赵荣 . 世界林业机构概述 [J] . 世界林业研究 ,2015,28(5):1-9.

中国国家发展改革委员会 . 中国应对气候变化方案 . 2007.

中国国家林业局 . 第八次全国森林资源清查主要结果（2009-2013）.2014.

AFoCO website: www.afocosec.org

APAFRI website: www.apafri.org

APFNet website: www.apfnet.cn

APFNet. Degraded Forest Rehabilitation and Sustainable Forest Management in the Asia-Pacific Region. China Forestry Publishing House. 2016.

Background Paper to UNFF tenth Session, Istanbul, 8-19 April 2013.

CIFOR website: www.cifor.org

EFI website: www.efi.int

FAO website: www.fao.org

FAO. Global Forest Resource Report. Rome. FAO publication. 2007: xiv.

FAO. Towards Stronger Family Farms. Rome. 2014.

ICIMOD website: www.icimod.org

IPCC. Climate change 2007: the physical science basis. 2007.

IPCC. IPCC Fourth Assessment Report (AR4). 2007.

IPCC. Land Use, Land Use Change and Forestry. Cambridge: Cambridge University Press, 2000. p373.

ITTO website: www.itto.int

ITTO. Status of Tropical Forest Management. Japan, 2006:2.

IUCN website: www.iucn.org

IUFRO website: www.iufro.org

IUFRO. IUFRO World Series Volume 33-Forests, Trees and Landscapes for Food Security and Nutrition A Global Assessment Report. 2005.

RECOFTC website: www.recoftc.org

TNC website: www.nature.org

WWF website: www.wwf.org

附录1　亚太森林组织董事会成员

序　号	姓　名	职　位
1	赵树丛（董事会主席）	中国全国绿化委员会副主任 中国林学会理事长
2	帕特里克·德斯特 (Patrick Durst)	独立专家 原联合国粮农组织（FAO）亚太高级林业官员
3	史蒂芬·米德格力 (Stephen Midgley)	独立专家 澳大利亚亚太塞尔伍德有限公司创始人
4	杰克·哈德 (Jack Hurd)	大自然保护协会（TNC）亚太区项目副主任
5	格莱厄姆·艾伯盖特 (Grahame Applegate)	澳大利亚阳光海岸大学副教授 高级林业与气候专家
6	雷克斯·克鲁兹 (Rex Cruz)	菲律宾大学（洛斯巴诺斯分校）校长
7	甘尼许·拉杰·乔希 (Ganesh Raj Joshi)	尼泊尔监察委员会委员
8	赛旦安旦·那姆比亚 (Sadanandan Nambiar)	澳大利亚联邦科学与工业研究组织（CSIRO）荣誉研究员
9	李强	国际热带木材组织（ITTO）市场与系统分析员
10	纨·哈什玛 (Wan Hasmah Mohd)	前马来西亚自然资源与环境部林业与生物多样性管理局局长
11	帕拉隆·达姆隆太 (Pralong Dumrongthai)	泰国自然资源与环境部巡视员
12	谢桑安 (Chea Sam Ang)	柬埔寨环境部自然保护总局局长
无投票权董事		
13	凡科军 （东道方代表）	中国财政部农业司副司长
14	鲁德（董事会秘书）	亚太森林组织秘书长
15	张岩松	东道方代表董事(2015 年 4 月 8 日至 2016 年 3 月 14 日)
16	曲桂林	董事会秘书（2015 年 4 月 8 日至 2017 年 9 月 18 日）

附录2　亚太森林组织理事会成员

序号	成员经济体	职　位
1	澳大利亚	Michelle Lauder 女士 农业与水资源部林业司助理秘书长
2	孟加拉国	Mohammad Shafiul Alam Chowdhury 先生 林业局局长
3	文莱	Noralinda Haji Ibrahim 女士 初级资源与旅游业部林业司林业处副处长
4	柬埔寨	Sokh Heng 博士（先生） 农林渔业部林业局林业与野生生物研究所所长
5	加拿大	Robert Jones 先生 自然资源部林务局贸易与国际事务处处长
6	中国	吴志民先生 国家林业局国际合作司司长
7	斐济	Manasa Luvunakoro 先生 林业部木材利用与研究处林业主管官员
8	中国香港	Lai Chuen Chi 先生渔农自然护理署 郊野公园及海岸公园分署助理署长
9	印度	Ranjana Gupta 女士 环境与森林部林业局局长（主管湿地）
10	蒙古	Tungalag Majig 女士 环境绿色发展与旅游业部林业政策与合作司司长
11	缅甸	Nyi Nyi Kyaw 博士（先生） 自然资源与环境保护部林业司司长
12	尼泊尔	Dhananjaya Paudyal 先生 林业与水土保持部外国援助合作秘书长
13	新西兰	Meredith Stokdijk 女士 初级工业部国际环境经理
14	巴布亚新几内亚	Ruth Turia 女士 国家林业局林业政策与规划处处长
15	秘鲁	John Leigh 先生 农业与灌溉部国家森林和野生动物局局长
16	菲律宾	Ricardo L. Calderon, CESO III 先生 环境与自然资源部林业管理局局长

序号	成员经济体	职　位
17	新加坡	Wendy Yap 女士 国家公园委员会国际生物多样性保护处处长
18	斯里兰卡	Nishantha Edirisinghe 先生 国家林业局造林与林业管理处副处长
19	中国台北	林华庆先生 农业委员会林务局局长
20	泰国	Sapol Boonsermsuk 先生 皇家林业厅规划与信息科技局国际合作处处长
21	美国	Catherine J Karr-Colque 女士 国务院海洋、国际环境和科学事务局水资源保护办公室处长
22	越南	Nguyen Phu Hung 先生 农业与乡村发展部林业局科技、技术与国际合作司司长
	国际 / 区域组织	理事会代表
23	联合国粮农组织	Thomas Hofer 先生 亚太区域办公室高级林业官员
24	国际热带木材组织	Gerhard Dieterle 博士（先生） 国际热带木材组织执行主任
25	亚太社区林业培训中心	David Ganz 博士（先生） 亚太社区林业培训中心执行主任
26	太平洋共同体秘书处	Sairusi Bulai 先生 可持续资源管理项目土地资源处副处长
27	大自然保护协会	Allison Lewin 女士 亚洲负责任的林业与贸易项目主管

附录3　亚太森林组织成员

亚太森林组织目前共有成员31个，其中：

- APEC 经济体成员（17个）：澳大利亚、文莱、加拿大、中国、中国香港、印度尼西亚、马来西亚、墨西哥、新西兰、秘鲁、巴布亚新几内亚、菲律宾、新加坡、泰国、中国台北、美国、越南

- 非 APEC 经济体成员（9个）：孟加拉国、柬埔寨、斐济、印度、老挝、缅甸、蒙古、尼泊尔、斯里兰卡

- 国际组织成员（5个）：联合国粮农组织、国际热带木材组织、亚太社区林业培训中心、太平洋共同体秘书处、大自然保护协会

- 经济体观察员（5个）：乌兹别克斯坦、塔吉克斯坦、土库曼斯坦、吉尔吉斯斯坦和哈萨克斯坦

附录4　亚太森林组织发展大事记

- 2007年9月，时任中国国家主席胡锦涛在澳大利亚举行的APEC第15次领导人非正式会议上提出了建立亚太森林恢复与可持续管理组织的倡议。该倡议得到了美国和澳大利亚的响应以及与APEC成员的一致支持，并写入了会议通过的《亚太经合组织领导人关于气候变化、能源安全和清洁发展的宣言》及其“行动计划”。
- 2008年9月，“森林可持续管理研讨会”在北京召开。会议由中国国家林业局与原澳大利亚农渔林业部共同主办，并得到了美国政府及大自然保护协会的支持。来自APEC成员与亚太地区非APEC成员的政府官员，区域及国际组织、科研机构、私营部门及社会各界的120余名中外代表参会，见证了亚太森林组织的正式启动。
- 2008年10月，亚太森林组织第一届“森林资源可持续经营管理”国际培训研讨班在云南召开，来自15个经济体的林业官员及从业人员参加了本次培训。本次培训介绍了中国林业发展和森林植被恢复方面取得的成功经验，交流森林可持续经营的最佳实践，提高了亚太地区发展中经济体在该领域未来采取行动和合作的能力。
- 2008年11月，时任中国国家主席胡锦涛在秘鲁举行的APEC第16次领导人非正式会议上通报亚太森林组织成立，承诺将在未来几年内为该组织运行提供一定的专项资金，希望各方积极支持和参与。
- 2009年8月，亚太森林组织发展国际研讨会在中国江西九江召开，来自中国、印度尼西亚、马来西亚、菲律宾、秘鲁、中国台北、越南、美国七个APEC成员经济体以及APEC秘书处、FAO亚太区域办公室、TNC、AFP、CIFOR、WWF等国际组织的代表和中国有关部门官员、学者及亚太森林组织秘书处人员等近40人参会，就亚太森林组织发展，包括机制建设、亚太森林组织与APEC的关系、秘书处功能、项目活动以及亚太林业发展与合作等深入交换了意见，达成许多共识。
- 2009年8月，亚太森林组织第一届“林业与乡村发展”国际研讨班在中国云南昆明召开，来自13个经济体的15名林业官员及从业人员参加了本次培训。自本次培训后，亚太森林组织确立了每年两期的国际培训班组织形式及主题，具体包括“森林资源可持续经营管理”（每年7月举办）和“林业与乡村发展”（每年11月举办）。
- 2009年10月，亚太森林组织在阿根廷举办的第十三届世界林业大会布展，这是亚太森林组织首次在国际林业盛会的宣传展示。
- 2009年11月，UNFF国家倡议会议在中国广西桂林召开。这是亚太森林组织首次与FAO等国际组织及政府合作，为会议提供技术支持。

- 2010 年 2 月，亚太森林组织奖学金项目启动，北京林业大学成为首个承办院校。
- 2010 年 3 月，亚太森林组织资助首个项目“林业为贫困人口服务：在亚太地区推行适应扶贫战略的林业政策项目”正式启动。
- 2010 年 6 月，第一次亚太森林组织联络员会议在北京召开。来自 12 个 APEC 经济体的代表参加了会议。联络员工作机制正式建立。
- 2010 年 9 月，首届亚太森林组织奖学金项目完成招生，来自泰国、老挝、巴布亚新几内亚、柬埔寨、孟加拉国的 8 名学生获得资助，就读于北京林业大学。
- 2011 年 6 月，“亚太森林组织指导委员会成立暨第一次会议”和“亚太森林组织联络员第二次年会”成功召开。指导委员会成立，为亚太森林组织运行提供政策咨询，时任中国国家林业局副局长印红女士当选主席；联络员会议重点讨论了《亚太森林组织战略规划（2011-2015）》和完善了《亚太森林组织联络员工作机制》，为亚太森林组织未来五年的战略重点、管理模式和联络员工作机制提出了建设性意见。
- 2011 年 9 月，首届 APEC 林业部长级会议在中国北京召开。会议达成《北京林业宣言》，肯定了亚太森林组织在促进区域林业合作的积极作用。亚太森林组织作为会议资助方与技术支持，深入参与了会议主题议程设计和筹备工作，得到与会各方的高度赞扬。
- 2011 年 9 月，第二届亚太林业周在中国北京举行，亚太森林组织提供了强有力的技术支持，确保大会及相关活动成功举行。
- 2011 年 9 月，中方以亚太森林组织发起方和秘书处东道方名义任命曲桂林先生为首任秘书长，任期 3 年。随后，在首届 APEC 林业部长级会议上，组织秘书处宣布正式对外运行。
- 2011 年 11 月，《亚太森林组织战略规划（2011-2015）》正式对外发布。
- 2011 年 11 月，亚太林业教育协调机制正式成立，宗旨是通过加强合作和开展协作活动，促进亚太地区林业教育的发展，从而推动亚太区域森林恢复与可持续管理。
- 2012 年 4 月，“亚太森林组织指导委员会第二次会议”和“亚太森林组织联络员第三次年会”召开。ITTO 加入指导委员会，会议通过了《亚太森林组织运行章程》和成员发展程序。
- 2012 年 11 月，亚太森林组织昆明培训中心成立，主要承担亚太林业主题培训工作。
- 2013 年 6 月，“亚太森林组织指导委员会第三次会议”和“亚太森林组织联络员第四次年会”举行，就组织未来运行模式和董事会成立方案进行了深入讨论，进一步完善了组织运行的制度与程序。
- 2013 年 7 月，为支持亚太森林组织的可持续发展，经中国民政部批准，亚太森林组织专项基金成立，办事处设在北京，为亚太森林组织的分支机构。

- 2013 年 8 月，第二届 APEC 林业部长级会议在秘鲁举行，会议达成《库斯科林业宣言》，充分肯定了亚太森林组织促进区域林业合作的积极作用。亚太森林组织继续作为会议资助方与技术支持，深入参与的会议主题议程设计和为会议筹备提供的技术指导，得到与会各方的高度赞扬。
- 2013 年 12 月，亚太森林组织在亚太林业教育合作机制下实施亚太林业创新教育项目，研发在线林业教育课程。
- 2013 年，泰国诗琳通公主殿下参观亚太森林组织资助的“基于生物多样性保护和自然教育中心的泰国城市林业示范项目”BangKachao 森林公园，项目主任向其汇报了项目进展。
- 2014 年 3 月，亚太森林组织与老挝农林部签署“老挝北部森林可持续管理示范项目”协议，这是亚太森林组织在亚欧机制框架下开展的首个林业合作项目。
- 2014 年 5 月，亚太森林组织资助实施的“中南半岛基于生态安全的可持续森林恢复与管理示范项目”的项目成果视频材料在第四次亚信峰会开幕式上循环播放。
- 2014 年 5 月，亚太森林组织指导委员会第四次会议和联络员机制第五次年会在泰国召开。成立董事遴选委员会，通过理事会成立方案，进一步完善了组织运行文件，全面评估了第一个五年战略规划的实施情况，着手制定亚太森林组织第二个战略规划框架。
- 2015 年 3 月，亚太森林组织与 ITTO 首个合作示范项目“马来西亚沙捞越社区森林管理项目”顺利启动。
- 2015 年 4 月，亚太森林组织首届董事会成立并召开首次会议。董事会为亚太森林组织决策机构，由 14 位董事组成，时任中国国家林业局局长赵树丛先生当选董事会主席，任期 3 年。会议通过了董事会议事规则，原则通过了《亚太森林组织发展战略框架（2016-2020）》和《亚太森林组织运行章程》。
- 2015 年 4 月，11 位亚太森林组织董事会成员在北京见证“密云水库水流域退化森林恢复与经营示范项目”启动。该项目旨在促进水源林修复，增强森林水源涵养功能。
- 2015 年 4 月，亚太森林组织理事会成立并召开首次会议。会议通过了理事会议事规则，泰国和巴布亚新几内亚代表分别当选理事会首任主席和副主席，任期 3 年。
- 2015 年 11 月，亚太森林组织“促进跨境林业合作与生计发展，加强区域生物多样性保护”主题培训班在泰国成功举办。来自 12 个经济体的 13 名区域林业官员参加。亚太森林组织首次与成员经济体合作开展主题培训班。

- 2016 年 1 月，亚太森林组织资助实施“亚太林业应对气候变化项目（二期）”正式启动，为热带及亚热带森林应对气候变化提供科学决策依据。
- 2016 年 3 月，亚太森林组织资助蒙古在乌兰巴托市建设 8.4 公顷小型植物园项目。
- 2016 年起，亚太森林组织通过“老挝北部森林可持续管理项目”支持中老开展“跨境亚洲象联合保护调查”及“珍稀濒危野生动植物调查”工作，促进跨境生物多样性保护。
- 2016 年 5 月，亚太森林组织理事会和董事会第二次会议在柬埔寨暹粒举行。重点审议并通过了《亚太森林组织战略规划框架 2016-2020》、《亚太森林组织管理指南》、《亚太森林组织会计核算办法（财务政策）》和《亚太森林组织秘书处职员薪酬标准》等文件，通过了亚太森林组织秘书长选聘程序。通过了 2016-2018 年亚太森林组织项目评审专家组组成。
- 2016 年 5 月，首届大中亚区域林业部长级会议在哈萨克斯坦阿斯塔纳召开，实现了该区域经济体林业部长级官员的首次聚首。区域内各经济体对加强林业务实合作达成共识，明确区域林业合作的重点，为亚太森林组织运行大中亚林业合作机制创造了良好的开端。
- 2016 年 5 月，亚太森林董事会主席赵树丛先生与老挝南塔省副省长平萨旺·道冯查先生共同出席“中老森林防火与预警监测系统指挥中心”移交仪式。该指挥中心及森林防火预警系统，由亚太森林组织资助建设，为中老跨境防火监测提供技术保障。
- 2016 年 6 月，亚太森林组织资助的亚太林业创新教育项目研发的森林可持续经营核心课程正式上线。该项目荣获 2016 年加拿大“教育实践与合作技术创新优秀奖”。
- 2016 年，缅甸自然资源环境部副部长参观亚太森林组织在缅甸掸州示范的社区林经营模式，给予高度评价。
- 2017 年 1 月，第三届亚太林业规划交流研讨会在泰国曼谷召开。会议以“推动林业规划向战略规划转型”为主题，围绕如何提升区域林业规划能力及亚太林业规划交流机制的发展展开讨论、交流经验。各方就亚太林业规划交流机制建设概要书达成一致，机制发展进入新阶段。
- 2017 年 2 月，亚太森林组织分别与中国西北农林科技大学、中国内蒙古农业大学签署合作协议，启动奖学金项目，面向大中亚地区招生。
- 2017 年 3 月，亚太森林组织董事会和理事会第三次会议在斯里兰卡科伦坡先后举行。会议就未来如何充分发挥董事会和理事会的作用为亚太森林组织规划与活动提出有效指导与咨询进行了广泛探讨。

- 2017 年 4 月，大湄公河次区域森林生态系统综合管理规划与示范项目——中国普洱项目点率先启动。
- 2017 年 4 月，在亚太森林组织项目资助下，汤加《全国森林资源管理规划》及《汤加檀香木法案》发布。
- 2017 年 6 月，亚太森林组织代表团赴澳大利亚、泰国、柬埔寨等重点经济体对主要合作伙伴及国际组织进行回访，采集项目合作方对亚太森林组织 10 年来发展的评价，并探讨未来合作重点。
- 2017 年 9 月，鲁德先生正式出任亚太森林组织第二任秘书长。2017 年 4 月，董事会授权遴选委员会对亚太森林组织下任秘书长候选人进行了面试，确定鲁德先生为下任秘书长，任期自 2017 年 9 月开始，为期三年。
- 2017 年 9 月，亚太森林组织在北京举办了“亚太森林恢复国际研讨会”，对亚太森林组织在森林恢复领域的项目成果进行回顾和总结，并就区域森林恢复政策现状、趋势及面临的机遇与挑战进行了分析。
- 2017 年 9 月，亚太森林组织资助尼泊尔社区成立的非木质林产品小型林企在萨拉希正式注册成立，以提高妇女赋权和参与社会经济活动的能力。
- 2017 年 10 月，亚太森林组织在尼泊尔召开“促进社区林业发展及培训”主题研讨会。本次研讨会是“亚太林业人力资源开发交流机制”的年度主要活动之一，也是亚太森林组织与尼泊尔林业部门首次合作举办的活动。
- 2017 年 10 月，“亚洲林业科技合作机制”咨询会在斯里兰卡召开，来自 7 个经济体的科研院所代表参会，讨论区域林业科研面临的挑战和机遇，并就加入机制初步达成一致，为机制的成立奠定了基础。
- 2017 年 11 月，“亚太森林组织多功能林业培训基地建设”框架协议在北京签署，将建成集森林体验、森林康养、教育培训和生态文化展示为一体的万亩多功能森林体验基地，贡献于亚太地区森林可持续管理。
- 2017 年 12 月，亚太森林组织确定在 2018 年 3 月 26~28 日在中国北京举办“亚太地区森林恢复国际会议暨亚太森林组织十周年回顾活动”。会议将以分享森林恢复经验、协调区域林业发展为主题，总结交流亚太地区森林恢复经验，分享亚太森林组织十年来在森林恢复领域所做的成功探索，展望区域林业未来合作重点和领域，进一步推动林业发展和合作。

后　记

亚太森林组织成立十周年之际，我们编写了《亚太森林组织发展研究》一书。

亚太森林组织董事会主席赵树丛先生和秘书长鲁德博士及前任秘书长曲桂林先生担任了本书的主编、副主编，并主持制定了本书的编写框架，赵树丛主席多次召开编审会议讨论本书的编写。本书第一、二、五章由肖军博士负责编写，第三章第一、三、五、六节由庄作峰博士负责编写，第三章第二、四节和第七章由翟洪波博士负责编写，第四、六章由沈立新教授负责编写，卢茜、孙伟娜等参与部分内容编写，鲁德博士和庄作峰博士进行了最后的统稿。2018年2月6日，由赵树丛主席、鲁德秘书长与有关专家进行了论证，听取了专家的意见。

本书编写过程中，亚太森林组织秘书处提供了大量的资料和图片，中国林业出版社等有关方面给予了大力支持，在此，我们表示衷心的感谢！

由于水平有限，加之总纂时间仓促，书中疏漏和错误之处在所难免，敬请批评指正。

编者